SUPPLÉMENT

DÉCEMBRE.

MANUEL
DE L'INDEMNITÉ,

OU

L'INSTRUCTION-PRATIQUE

SUR LA LOI RELATIVE A L'INDEMNITÉ DES ÉMIGRÉS.

CETTE Instruction ayant pour unique objet, de procurer aux personnes appelées à recueillir l'indemnité, les moyens d'en suivre, elles-mêmes, la liquidation, et de s'en procurer le recouvrement, on doit y trouver principalement trois choses : ordre, brièveté, clarté.

On va donc leur présenter, successivement et rapidement, les différens points dont il leur importe d'avoir une connaissance nette et précise.

Elles trouveront, à la fin, des exemples des mémoires ou pétitions, qu'elles pourront avoir à rédiger et présenter elles-mêmes.

Elles trouveront aussi, en dernier lieu, le texte intégral de la loi, telle qu'elle a été définitivement adoptée et sanctionnée.

NOTA. — (Dans le Cahier suivant, on trouvera l'Ordonnance royale d'exécution, avec des Solutions sur différens cas particuliers ; plus, l'Ordonnance du 8 mai sur l'organisation de la Commission.)

1

EXPLICATION DE LA LOI.

Tout le système de la loi se rapporte à deux principaux points de vue, et peut se diviser en deux principales parties :

1°. Personnes ayant droit à l'indemnité;

2°. Réglement de l'indemnité, mode de liquidation et de paiement.

PREMIÈRE PARTIE.

PERSONNES AYANT DROIT A L'INDEMNITÉ.

Deux classes de personnes sont appelées :

1°. Les personnes mêmes qui ont été frappées de confiscations ou séquestres révolutionnaires, et qui ont été expropriées de leurs biens-fonds situés en France ;

2°. En cas de décès de ces personnes, leurs héritiers, représentans, et ayans-cause.

CHAPITRE Ier.

PERSONNES FRAPPÉES DE CONFISCATION.

La loi même en distingue trois sortes :
1°. Les Émigrés;
2°. Les Déportés;
3°. Les Condamnés.

§. Ier.

Émigrés.

Sous cette dénomination, il faut comprendre, non-seulement ceux qui passèrent dans l'étranger et y restèrent un temps plus ou moins long; mais aussi toutes les personnes qui furent inscrites sur les listes, et dont les biens furent séquestrés, sous prétexte d'émigration.

On ne sait que trop qu'il est un très-grand nombre de personnes qui furent inscrites, et dont les biens furent vendus, encore bien qu'elles n'eussent jamais quitté le sol français; souvent alors même qu'elles étaient détenues dans les prisons; souvent même alors qu'elles étaient décédées depuis plusieurs années.

§. II.

Déportés.

Sous cette expression viennent se ranger principalement les Ecclésiastiques, qui furent bannis de France par décret du 26 août 1792, pour non-prestation de serment; qui furent ensuite assimilés aux émigrés, par un décret du 17 septembre 1793, et en conséquence frappés de la même confiscation.

Il faut aussi sans doute y comprendre les ecclésiastiques infirmes, qui furent mis *en réclusion*, et qu'un troisième décret, du 22 ventose an 2, eut l'atroce démence d'assimiler également aux émigrés.

Enfin, toutes les personnes qui furent bannies, soit individuellement, soit collectivement, par des décrets, arrêtés ou jugemens révolutionnaires, sous prétexte d'incivisme, et dont les biens furent séquestrés par suite.

§. III.

Condamnés.

Par ce mot *condamnés*, il ne faut entendre que les victimes des Tribunaux et Commissions *révolutionnaires*, dont l'établissement date d'un décret du 11 mars 1793, et dont un article portait que les biens de ceux qui seraient condamnés, seraient *acquis à la République.*

Il nous semble hors de doute, que sous la désignation de *condamnés révolutionnairement*, il faut comprendre, non-seulement ceux qui furent con-

(5)

damnés par des jugemens individuels, mais aussi ceux qui furent fusillés, mitraillés, en masse et sans jugement ; tels que les Vendéens, les Lyonnais, Toulonnais, et autres prétendus rebelles ; lesquels étaient condamnés d'avance à la mort, et leurs biens confisqués, par des décrets généraux de proscription. — Décret du 1er. août 1793, qui confisque les biens des insurgés. — Décret du 8 ventose an 2, qui confisque les biens des ennemis de la révolution, etc.

§. IV.

Conditions fondamentales.

Mais, pour les uns et pour les autres, comme aussi pour leurs héritiers ou représentans, trois conditions sont essentiellement requises, pour être admissibles à l'indemnité :

1°. Il faut que les réclamans soient *Français.* (Loi, art. 1er.)

2°. Il faut que les biens à raison desquels ils réclameront indemnité, soient des *biens-fonds.* (*Ib.*)

3°. Il faut que ces biens-fonds soient *situés en France*, ou au moins fassent partie de l'ancien territoire français, *tel qu'il existait au 1er. janvier* 1792. (L. a. 1.)

(6)

§. V.

Etrangers exclus.

Ce n'est qu'en faveur des citoyens *français*, que l'indemnité est accordée. Ainsi, l'ancien Français qui, pendant la révolution, a totalement abdiqué sa patrie et s'est fait naturaliser en pays étranger, n'est plus admissible. (*V.* les articles 17 et suivans du Code civil.)

Ainsi, les habitans des pays voisins de la France, qui n'ont eu que momentanément la qualité de français, par l'effet des conquêtes de la révolution, n'ont rien à réclamer pour raison des biens dont ils auraient été expropriés pendant l'occupation ou réunion de leur pays. La France a réglé tout ce qui concernait les droits des créanciers étrangers, par des traités conclus avec leurs gouvernemens respectifs.

§. VI.

Exception pour certaines Veuves et Filles.

L'article 19 du Code civil déclare *étrangère*, la *Française* qui épouse un étranger. Mais, pendant les proscriptions révolutionnaires, des veuves, des filles de proscrits, qui avaient suivi leurs maris ou leurs pères en exil, ont contracté mariage avec des étrangers. Il eût été aussi injuste qu'inhumain de les exclure du droit de venir réclamer l'indemnité des spoliations faites, soit de leurs propres biens, soit

(7)

de ceux de leurs époux ou aïeux ; car ce n'était pas librement qu'elles avaient abdiqué la qualité de françaises. Toutes celles ainsi mariées à des étrangers, depuis l'époque des proscriptions, *jusqu'au 1.er avril* 1814, seront donc admises à l'indemnité. (Loi, art. 23.)

Il y a plus : l'exception embrasse même les enfans de ces épouses originairement françaises, s'ils sont nés de pères ayant joui précédemment de la qualité de français. (*Ib.*)

§. VII.

Biens-fonds situés en France.

Ce n'est qu'en faveur de la propriété *foncière*, et de la propriété *française* seulement, que l'État consent à s'imposer l'énorme charge de l'indemnité. C'est pour faire disparaître l'espèce de défaveur qui s'était attachée, jusqu'ici, à certaines propriétés garanties par la Charte ; c'est pour consolider la paix publique dans l'intérieur de la France.

Il était donc conséquent à cette vue principale de la loi, de ne pas étendre cette indemnité aux ventes faites d'immeubles qui sont hors de France.

Cependant il a paru juste de ne pas en exclure les Français, anciens propriétaires d'immeubles situés dans les parties de provinces frontières qui n'ont été séparées de la France, que par les derniers traités

politiques. C'est pourquoi l'article 1er. de la loi dit :
« situés en France, *ou qui faisaient partie du ter-*
» *ritoire de la France au 1er. janvier 1792. . .* » ;
mots ajoutés par amendement dans la discussion.

§. VIII.

Ascendans d'Émigrés.

Les pères et mères, ou autres ascendans, d'émigrés, qui n'avaient pas suivi leurs fils, et étaient restés en France, ne furent pas précisément frappés de confiscation ; mais un premier décret, du 17 frimaire an 2, commença par ordonner le séquestre provisoire de leurs biens ; puis, un autre du 9 floréal an 3, puis un troisième du 20 floréal an 4, ordonnèrent que, pour obtenir la levée de ce séquestre, ils seraient tenus de délaisser dès à présent au fisc révolutionnaire, la part de leur patrimoine qui aurait été dans le cas d'échoir à leurs enfans émigrés, si, dès à présent, leur succession eût été ouverte.

En exécution de ces décrets, et à titre de partage de *présuccession*, le fisc enleva aux pères d'émigrés les parts qu'il lui plut de s'adjuger. Ces portions de biens furent, les unes *vendues* à des tiers, les autres *rachetées* par les pères mêmes. Cette sorte de spoliation n'était pas moins odieuse que les autres. De là l'art. 3, portant que les ascendans d'émigrés qui ont subi ces partages anticipés, seront indemnisés des portions de biens qui leur ont été ravies, ou qu'ils ont été forcés de racheter. (L. art. 3.

§. IX.

Légitimaires.

Les enfans réduits à une simple *légitime* dans la succession de leur père ou de leur mère, avaient, en plusieurs cas, droit de réclamer cette légitime en *biens-fonds*, contre l'héritier principal. Et il est souvent arrivé que l'héritier principal étant resté en France, tandis que le légitimaire était émigré, le fisc révolutionnaire s'est fait payer en argent cette légitime due à l'émigré. De là, la disposition de l'art. 3, portant que la valeur touchée par le fisc, pour raison de cette légitime, sera restituée à la personne qui y avait droit, ou à ses représentans. (Art. 3.)

CHAPITRE II.

HÉRITIERS, REPRÉSENTANS, ET AYANS-CAUSE DES PROPRIÉTAIRES EXPROPRIÉS.

§. Ier.

Héritiers légaux.

Le Projet appelait, au défaut de l'ancien propriétaire, ceux de ses parens qui seraient les plus proches, et en droit de le représenter, au jour de la promulgation de la loi nouvelle ; conformément à la jurisprudence qui s'était établie pour les biens rendus par la loi du 5 décembre 1814.

Mais cette loi de 1814 ne rendait qu'une faible partie des biens confisqués ; elle ne rendait que les seuls objets qui, non vendus, se trouvaient encore dans les mains de l'Etat. Il était donc juste et politique tout à la fois de considérer cette première restitution comme un secours provisoire accordé par le Gouvernement aux membres des familles dépouillées, et qui devait ne s'appliquer qu'à eux seuls ; par préférence à des étrangers, auxquels l'ancien propriétaire ou son héritier, décédés, auraient fait un legs universel. D'autant plus qu'il n'était guères présumable que le testateur eût voulu comprendre dans sa disposition, des biens sur lesquels il ne comptait plus.

Mais, la loi nouvelle faisant aux émigrés une restitution entière de leurs biens, sinon en nature, quant à ceux vendus, du moins en valeurs équivalentes ou estimées telles ; on a pensé qu'il convenait d'adopter un autre système quant aux héritiers et légataires. On a pensé qu'il fallait supposer qu'à l'instant même où les émigrés avaient été dépouillés de leurs biens par les ventes qui en ont été faites, ils avaient été saisis du droit à être un jour indemnisés de la perte de ces biens ; droit qui avait formé une créance acquise contre l'Etat au moment de leur décès ; créance qui avait fait partie de l'actif de la succession ouverte ce jour - là ; et qu'ils avaient par conséquent transmise, dès ce même jour, aux personnes dès-lors appelées à leur succession, soit comme héritiers, soit comme légataires.

En conséquence, au lieu de la disposition qui avait été proposée dans le projet du gouvernement, en ces termes : — « Seront admis à réclamer l'indemnité, l'ancien propriétaire ; et, à son défaut, les héritiers qui seraient appelés à le représenter à l'époque de la présente loi » ; — la rédaction suivante a été proposée, et adoptée :

« Seront admis à réclamer l'indemnité, l'ancien
» propriétaire, et, à son défaut, les Français qui
» étaient appelés par la loi, ou par sa volonté, à le
» représenter, à l'époque du décès, etc.... » (Art. 7.)

D'après cette disposition nouvelle, il est hors de doute qu'en cas de décès de l'ancien propriétaire, pour savoir quelles personnes sont appelées à recueillir, en son lieu et place, le bénéfice de l'indemnité, on ne devra consulter que les lois existantes au jour de son décès, ou les dispositions qu'il aurait faites avant de mourir.

Et il n'est pas plus douteux que, maintenant, cette disposition devra s'appliquer, non-seulement aux indemnités à recevoir en vertu de la loi nouvelle, mais encore aux biens rendus en nature par la loi du 5 décembre 1814; à l'égard desquels il n'y aura pas eu des arrangemens définitifs et irrévocables, ou des *jugemens passés en force de chose jugée.*

Les lois auxquelles on sera dans le cas de recourir, pour connaître les ayans-droit, seront, outre le droit romain, et les statuts locaux ou coutumiers, toutes celles successivement rendues pendant la révolution, concernant la matière des successions, testamens, donations, substitutions, adoptions, enfans naturels, etc., qu'il serait trop long de retracer ici.

§. I I.

Légataires, Donataires.

Du moment qu'on admettait en principe, que le jour même où les émigrés furent frappés de confiscation, ils eurent un droit acquis à être indemnisés de cette spoliation, et que ce droit fut une créance dont ils moururent investis; il s'ensuivait la conséquence, que si, avant de mourir, ces émigrés firent des dons ou legs universels, soit au profit de certains de leurs parens, soit au profit de toutes autres personnes, ces dispositions universelles doivent embrasser l'indemnité aujourd'hui décrétée; pourvu toutefois que les dispositions aient été faites en forme régulière, et en faveur de personnes capables, suivant les règles du droit civil ordinaire.

Ici deux remarques importantes à faire :

1°. On ne pourra opposer aux personnes qui se présenteront, soit comme héritiers, soit comme légataires ou donataires, les incapacités résultantes des lois révolutionnaires, notamment celle de la mort civile prononcée par ces lois. (Art. 7.)

Mais toutes autres incapacités, résultantes des principes du droit commun, pourront être apposées.

2°. On pourra de plus opposer comme fin de non-recevoir, la qualité *d'etranger*. (L. art. 1 et 2.)

(*Voir* le §. V, au chapitre précédent.)

§. III.

Cessionnaires de droits successifs.

Il est de la nature du legs universel, de comprendre généralement tout ce dont le testateur n'a pas disposé particulièrement : même les biens, droits et actions qu'il ignorait lui appartenir ; et, par suite de ce principe, l'indemnité pourra être réclamée par les légataires universels, alors même que l'ancien propriétaire n'aurait exprimé aucune volonté relativement à cette indemnité.

Mais, en sera-t-il de même, à l'égard des cessionnaires ou acquéreurs de droits successifs ? — Non ; à moins que le bénéfice éventuel de cette indemnité n'ait été spécialement compris dans la cession.

Ainsi jugé par plusieurs arrêts, pour les biens remis, tant par le sénatus-consulte de floréal an 10, que par la loi du 5 décembre 1814.

Voyez notamment celui rendu par la Cour royale de Paris, le 30 décembre 1817, entre *Maynaud-Pancemont* et *la Ferté-Senneterre*, maintenu en Cour de cassation (Recueil général, t. 18, 2ᵉ. partie, p. 347); et celui rendu par la Cour de Riom, entre *Lespinasse* et *Grenier*, le 3 mars 1817, aussi maintenu en cassation. (Même Recueil, t. 19, p. 239.)

§. IV.

Enfans naturels.

Tel émigré est décédé laissant un enfant naturel qu'il avait reconnu dans les formes légales, et des neveux ou nièces, cousins ou cousines. Ceux-ci pourront-ils prétendre exclure de l'indemnité l'enfant naturel? Non; car l'enfant naturel, légalement reconnu, a droit à une quote-part de tous les biens de la succession de son auteur; et l'indemnité dont il s'agit est certainement une dépendance de la succession de l'émigré. (Cod. civ. 757.)

De même, au cas où l'émigré, décédé en émigration, aurait laissé un fils qui serait ensuite décédé lui-même, laissant un enfant naturel : car le droit à l'indemnité aurait passé du père au fils, et ferait partie de la succession de ce fils.

(15)

§. V.

Enfant adoptif.

A plus forte raison , les collatéraux ne pourront-
ils prétendre exclure un enfant adoptif. Celui-ci
aura même seul droit à l'indemnité entière ; puisque
l'enfant légalement adopté a tous les mêmes droits
qu'un enfant légitime , sur les biens de la succession
de l'adoptant (art. 350 du Code civil) ; tandis que
l'enfant naturel ne peut jamais prétendre qu'à une
part de la portion héréditaire qui lui aurait appartenu , s'il eût été légitime ; tant qu'il reste des parens
de son père , ou de sa mère , au degré successible.
(C. C. art. 758.)

§. VI.

Héritier qui a renoncé.

Mais il s'est rencontré des enfans d'émigrés , qui ,
ne retrouvant plus en France que quelques débris
insuffisans pour acquitter les dettes de leur père ,
ont pris le parti de renoncer à sa succession , pour
s'affranchir de toutes poursuites. Nonobstant cette
renonciation , seront-ils admissibles à venir réclamer
l'indemnité ? — Oui certainement ; car il est manifeste qu'ils n'ont renoncé , que dans la supposition

(16)

où aucune indemnité ne serait accordée en remplacement des biens vendus.

Toutefois, si d'autres héritiers avaient accepté purement et simplement la même succession, et en avaient ainsi assumé sur eux toutes les dettes, ils seraient fondés à se prévaloir des renonciations faites. Ils auraient acquis un droit exclusif et irrévocable à tous les bénéfices, comme à toutes les charges, de l'hérédité par eux acceptée. (L. a. 7. C. C. 790.)

§. VII.

Créanciers.

On peut encore ranger dans la classe des *ayanscause* des proscrits, leurs *créanciers*.

Il ne nous semble pas douteux, qu'au cas où ni le proscrit, ni aucun héritier ne se présenterait pour réclamer l'indemnité, les créanciers non liquidés par l'Etat seraient admissibles à exercer cette action, jusqu'à concurrence de ce qui leur est dû : d'après l'art. 1166 du Code civil, portant que les créanciers peuvent exercer les droits et actions de leurs débiteurs; et encore d'après l'art. 788, portant que les créanciers de l'héritier qui a renoncé au préjudice de leurs droits, peuvent se faire autoriser en justice à accepter la succession en son lieu et place, etc.

(*Voyez*, à la fin de cette Instruction, le chapitre particulier aux créanciers.)

DEUXIÈME PARTIE.

RÉGLEMENT DE L'INDEMNITÉ. — MODE DES DE-
MANDES; MODE D'INSTRUCTION, DE LIQUIDA-
TION, ET DE PAIEMENT.

CHAPITRE Ier.

MODE DE RÉCLAMATION.

§. Ier.

Pétition au Préfet.

La première chose à faire, par tout individu prétendant à l'indemnité, soit comme *propriétaire dépouillé*, soit comme *héritier* de l'ancien propriétaire, c'est de rassembler les titres justifiant cette
qualité; puis, de dresser une pétition expositive de
ses droits, et d'adresser cette pétition au préfet du
département où sont situés les biens dont il réclame
l'indemnité. (Loi, art. 8.)

Il est indispensable de joindre à cette pétition les
pièces justificatives de la qualité du réclamant, sinon par des expéditions entières, au moins par des
extraits dignes de foi; puisque la loi, dans plusieurs
de ses articles, recommande au préfet, au ministre,
à la commission, de commencer toujours *par véri-*

fier les qualités et droits des réclamans. (Articles 8 et 11 de la Loi. 5, 6, 7, de l'Ord.)

(*V*. à la fin, Modèles de Pétitions.)

S'il possède des pièces constatant la valeur des biens vendus, il ne doit pas négliger de les joindre aussi ; quoique ce soit l'affaire de la Préfecture, de recueillir ces documens, et de les faire passer à la Commission de liquidation.

Les pièces à produire sont exemptes du timbre et de l'enregistrement. (Ord. 62.)

§. II.

Délais.

Cette pétition doit être présentée, au plus tard, dans le délai *d'un an*, pour toutes les personnes qui habitent le royaume de France ;

Dans le délai de *dix-huit mois*, pour celles qui se trouvent dans les autres États de l'Europe ;

Dans le délai de *deux ans*, pour celles qui sont hors de l'Europe, en Amérique, en Asie ou en Afrique. (Loi, 19. Ord. 17, 18.)

Ces délais courent du jour de la promulgation de la loi.

Cette pétition sera, ou déposée directement au secrétariat de la préfecture, ou envoyée par la poste, à l'adresse de M. le Préfet.

Elle doit être sur papier timbré ; signée de la Partie, ou de son fondé de pouvoirs.

§. III.

Bulletin de la Pétition.

Dans l'un et l'autre cas, il doit être remis ou envoyé, par la préfecture, au pétitionnaire, au domicile par lui élu dans sa pétition, un bulletin ou extrait du registre, sur lequel sa réclamation doit être inscrite aussitôt sa réception. (Loi, 20. Ord. 16.)

CHAPITRE II.

INSTRUCTION, VÉRIFICATIONS, PROCÉDURES.

§. Ier.

Envoi au Directeur des Domaines. — Bordereau de liquidation à dresser par lui.

Aussitôt la réception et l'enregistrement de la pétition à la préfecture, elle doit être transmise, avec les pièces jointes, au directeur des domaines du département où les biens ont été vendus : pour, par ce directeur, être dressé l'état ou bordereau de l'indemnité qui peut revenir au pétitionnaire, à raison des biens vendus dans ce département. (Loi, 8. Ord. 20.)

Et ici le directeur devra opérer d'après les différentes distinctions exprimées dans la loi.

1°. S'agit-il de biens vendus, après *constatation de leur revenu en* 1790: ce revenu multiplié *dix-huit fois* donnera le *capital de l'indemnité* à payer. (Loi, art. 2.)

2°. S'agit-il de biens vendus sans constatation préalable du revenu de 1790: on ne s'attachera qu'*au prix d'adjudication; ce prix* formera le *montant de l'indemnité;* après l'avoir réduit en valeur monétaire métallique, si ces biens ont été vendus contre du papier-monnaie. (Loi, 2. Ord. 21, 22.)

3°. S'agit-il de biens qui aient été *rachetés de l'Etat,* par les propriétaires mêmes, ou par leurs héritiers, ou par personnes interposées : l'indemnité sera fixée sur la valeur réelle qui aura été payée à l'Etat, d'après le cours des assignats ou mandats à l'époque des versemens. Loi, 3 et 4. Ord. 24.)

Lorsque les mêmes auront racheté *à des tiers,* l'indemnité devra être égale aux valeurs réelles qui auront été payées à ces tiers ; sans néanmoins qu'elle puisse excéder la mesure déterminée par l'art. 2. (Loi, 3, 4. Ord. 26.)

4°. S'agit-il d'un *ascendant d'émigré*, qui ait racheté la part de ses biens qu'il était forcé d'abandonner à la Nation, à titre de *présuccession :* l'indemnité devra être d'une somme égale à la valeur réelle qui aura été payée pour ce rachat. (L. 3. Ord. 23.)

Et cette indemnité devra être délivrée, soit à l'ascendant même, s'il existe encore; soit à celui ou à ceux de ses héritiers qui auront supporté la perte de ce prélèvement anticipé sur sa succession. (L. a. 3.)

5°. S'agit-il d'un *légitimaire* ayant droit à une part de biens-fonds, dont la Nation s'est fait payer la valeur: le montant réel du prix reçu devra être compté à ce légitimaire ou à ses ayans-cause. (Loi, 3. Ord. 12.)

6°. S'agit-il d'un *engagiste*, qui n'aurait pu être maintenu dans son engagement, qu'en payant *le quart:* il ne lui sera alloué que les trois quarts de l'indemnité à laquelle il aurait eu droit, si le domaine dont il fut exproprié avait été patrimonial. (L. a. 9. Ord. 3, 4)

7°. *Quid*, quant aux biens, qui furent vendus par voie de *loteries?*

La loi étant muette sur ce cas, il est naturel de penser qu'on doit également y appliquer les dispositions de l'art. 2; savoir : *le revenu de* 1790, multiplié dix-huit fois, si ce revenu a été constaté; ou bien *le montant des mises reçues* pour *prix de vente;* d'après le cours de ces valeurs au jour du tirage.

Mais plusieurs hôtels, et autres sortes de biens, ont été quelquefois réunis en une seule loterie, pour former différens lots. Comment répartir entre ces lots le montant des mises? — Par une règle de proportion, d'après la valeur relative de chaque immeuble.

§. I I.

Communication du Bordereau aux Parties.

Le *directeur* des domaines ayant terminé son opération, et *dressé le bordereau de l'indemnité* qu'il
estime revenir au pétitionnaire, l'ajoute à la liasse
de la demande, et renvoie le tout à *M. le Préfet.*

Communication de ce bordereau est donnée aux
parties, lesquelles ont droit de le contredire, et de
faire sur son contenu telles observations qu'elles
jugent convenables. (L. 8. Ord. 32, 34.)

§. I I I.

Envoi au Ministre.

Le tout est ensuite envoyé par le Préfet au Ministre des Finances; et il doit y joindre un Avis motivé, qui portera, tant *sur les droits et qualités* des
parties, que sur les articles du bordereau, et aussi
sur les contredits des réclamans. (L. 8. Ord. 35, 38.)

§. I V.

Vérification par le Ministre. Déductions à opérer.

La demande ainsi parvenue au Ministre des Finances, avec le bordereau du directeur des domaines, les observations des parties, et l'avis du préfet: il se fait, dans les bureaux du ministère, une *troisième opération* qui a pour objet de vérifier :

1°. S'il n'a pas été payé de *dettes* ou de *soultes*, en l'acquit du propriétaire dépossédé ;

2°. S'il ne lui a pas été compté, en exécution de la loi du 5 décembre 1814, des sommes provenant de reliquats de *décomptes* ;

3°. S'il ne s'est pas opéré de compensation de sommes dues par lui au même titre ;

4°. Si quelques-uns des biens vendus, et à raison desquels l'indemnité est réclamée, ne provenaient pas d'*engagemens* de l'ancien domaine royal ; attendu qu'en ce cas, l'engagiste ou ses représentans n'ont pas droit à la totalité du prix de vente ou du montant de l'estimation. (L. a. 9.)

Il est dressé un état des diverses déductions à faire. (L. 9. Ord. 40.)

Dans ces déductions, ne doivent pas entrer, les sommes qui auraient été payées, à titre de *secours alimentaires*, aux femmes et enfans des proscrits ; non plus que les *gages de domestiques*, et autres paiemens de même nature, faits en assignats, en exécution des décrets du 8 avril 1792, et 12 mars 1793. (L. 2.)

Mais, pourra être déduit, le montant des *bons au porteur* (espèce de papier-monnaie) qui auraient

(24)

été donnés en remboursement aux *déportés*, et enfans des *condamnés* ; en exécution des décrets des
21 prairial et 22 fructidor an 3. — Bien entendu,
après avoir réduit ces *bons* à leur valeur réelle en
numéraire. (L. 15. Ord. 3.)

§. V.

Envoi à la Commission de liquidation.

L'état des déductions ainsi opéré, le tout est envoyé par le Ministre, à la *Commission de liquidation*. (L. 10.)

Dans le projet proposé aux Chambres, il était dit
que cette Commission serait composée de quatre
Ministres d'Etat, trois Conseillers d'Etat, trois
Conseillers-Maîtres de la Cour des comptes, et six
Maîtres des requêtes faisant fonctions de Rappor-
teurs.

Ces énonciations ont été retranchées, à la Chambre
des Députés, par le motif qu'il appartient exclusivement au Roi de nommer les personnes qu'il juge
dignes de sa confiance, soit pour administrer, soit
pour juger.

Vid. au *Supplément*, l'Ordonnance du 8 mai, sur
l'organisation de la Commission.

(25)

§. V I.

Fonctions de la Commission. Mode d'y procéder.

Elle commence par *vérifier la qualité* de la partie réclamante ; par constater si elle a véritablement *droit*, soit comme étant l'*ancien propriétaire dépossédé*, soit comme étant son *héritier* ou *représentant*. (L. 11. Ord. 41 et suiv.)

Si elle ne trouve pas cette *qualité* suffisamment justifiée, elle renvoie le demandeur à faire statuer sur ce point préalable par l'autorité judiciaire. (Loi, art. 2. Ord. 46.)

De même, au cas où plusieurs individus se présentent comme ayant droit à l'indemnité pour tel immeuble ; s'ils ne sont pas d'accord sur leurs *qualités respectives*, la Commission les renvoie aux tribunaux. (*Ib.*)

Mais *la qualité* du demandeur est-elle reconnue, suffisamment justifiée, et ne s'élève-t-il à cet égard aucune difficulté ; dans ce cas, qui sera le plus ordinaire, la Commission *ordonne*, de suite, qu'il sera donné *copie* au réclamant, du *bordereau* et de l'état des déductions. (L. 12. Ord. 44.)

Les parties ont la faculté de *présenter*, *contre le bordereau et les déductions*, telles observations qu'elles jugeront convenables. (L. 16. O. 47.)

Après *ces observations* fournies, l'instruction se trouve à son terme ; *la liquidation* peut être définitivement réglée par la Commission. (Ord. 47.)

Il en est de même, au cas où les parties ont été *renvoyées* aux *tribunaux*, pour faire juger leur *qualité*.

Celle qui a obtenu un jugement conforme à sa prétention, revient devant la Commission. Elle y dépose son jugement. Communication lui est donnée du bordereau, ainsi que de l'état des déductions ; elle fournit ses observations : puis, la Commission prononce. (L. 12. Ord. 47.)

Il est probable qu'un délai sera fixé pour la production des mémoires et observations.

§. VII.

Renvoi de certaines questions aux tribunaux.
Quels tribunaux compétens ?

Jusqu'ici, il a été de maxime constitutionnelle, que les tribunaux ordinaires, ou de justice réglée, étaient seuls compétens pour connaître des *questions d'état civil*, c'est-à-dire, de naissance, de filiation, de parenté, de successibilité.

Et la loi de l'indemnité consacre ce principe, en recommandant à la Commission *de renvoyer aux tribunaux* les difficultés qui pourront s'élever devant elle , *sur les qualités* des réclamans.

Car , quant à la *Commission* même , elle n'a mission de statuer que sur le *quantum* revenant aux ayans-droit , d'après les bases posées dans la loi.

Mais , lorsque la Commission aura ainsi *renvoyé* un réclamant , ou plusieurs compétiteurs , à se retirer devers les *tribunaux* , pour faire juger leurs qualités , *à quel tribunal devra-t-on en effet s'a-dresser ?*

Il y aura plusieurs distinctions à faire.

S'agit-il d'*un seul réclamant* , dont la Commission a trouvé la qualité douteuse, non régulièrement justifiée , et qu'elle a renvoyé aux tribunaux pour la faire apprécier et déterminer d'une manière plus certaine : il est naturel de penser que c'est devant *le tribunal de son domicile* , que le prétendant devra se retirer ; car c'est là qu'il doit être le mieux connu, et qu'il lui sera plus facile sans doute de réunir les preuves de la qualité qu'il doit justifier.

Cependant, si son domicile était dans une province éloignée , et qu'il lui fût plus convenable , pour éviter de longs envois et retours de pièces , de se pourvoir de suite devant le *tribunal de la Seine* , nous pensons qu'il le pourrait également. Car, de quoi s'agit-il ? d'une demande *contre le Gouvernement* , tendante à obtenir , non pas un immeuble , mais une *indemnité pécuniaire* , un simple capital de deniers. La matière est donc *personnelle et mobilière*. Ici vient donc s'appliquer la maxime *actor sequitur forum rei.*

S'agit-il de *plusieurs* individus en concurrence, qui se présentent comme étant les *représentans* de l'émigré, et qui *se disputent* réciproquement le droit de recueillir *l'indemnité* due pour raison de tel immeuble ? Ce débat *de qualités* est encore ici une matière toute *personnelle*. Et, par conséquent, il est clair que le premier qui assignera l'autre ou les autres, devra se conformer à cette règle du Code de procédure : « En matière *personnelle*, le *défendeur* » sera assigné *devant le tribunal de son domicile ;* » et, *s'il y a plusieurs défendeurs ,* devant le tri- » bunal *de l'un d'eux, au choix du demandeur.* » (Art. 59.)

Enfin, supposons *divers* individus, qui se présentent à titre d'*héritiers* d'une succession non encore partagée, ou dont le partage est en litige ? Ici vien-drait s'appliquer la règle qui attribue la connaissance des contestations, *entre héritiers, jusqu'au partage inclusivement, au tribunal du lieu où la succession est ouverte.* (C. de proc. 59.)

§. VIII.

Mode d'y procéder.

« Il y sera statué (dit simplement la loi, par un

dernier article ajouté par amendement à la Chambre des Députés), « comme en *matières sommaires;* » à moins qu'il ne s'élève quelques *questions d'é-* » *tat.* » (Art. 11.)

Or, chacun sait qu'on nomme *matières sommai-res*, les causes qui n'exigent pas une longue ins-truction, et qui doivent se juger promptement.

Le Code de procédure porte, art. 405 : « que les » matières sommaires seront jugées à l'audience, » après les délais de la citation échus, sur un simple » acte, sans autres procédures ni formalités. »

On nomme *questions d'état*, celles où il s'agit de l'état civil des personnes; où, par exemple, la qua-lité de fils légitime est contestée à quelqu'un.

Au surplus, l'article ajoute qu'en ces matières, soit sommaires, soit solemnelles, le *ministère public* devra toujours être entendu : ce qui était déjà dit par l'art. 83 du Code de procédure.

§. IX.

Retour à la Commission. — Achèvement d'ins-truction.

Quand les questions de qualités auront été jugées par les tribunaux, les parties reviendront devant la Commission, et y compléteront l'instruction de leurs droits ou prétentions. (Ord. 47.)

A cet effet, la loi a soin d'exprimer que toutes communications seront données aux prétendans, des bordereaux, de l'état des déductions, de l'avis des préfets ; et que ce n'est qu'après ces communications données, et *après avoir pris connaissance* des mémoires et observations qui pourront être fournis par les parties, que la Commission *procédera à la liquidation.* (L. 12. Ord. 47.)

§. X.

Arrêté de fixation de l'indemnité.

L'instruction de la liquidation étant complétée, *la Commission* prononce sur *le montant* de cette liquidation.

Elle y statue par voie de *Décision* ou d'*Arrêté.* (Ord. 42, 48.)

Il en est aussitôt *donné avis* aux ayans-droit, et une *expédition* de cette *décision* est *envoyée* au Ministre des finances. (L. 13. Ord. 49.)

§. XI.

Faculté de recours au Conseil d'Etat contre les décisions de la Commission.

Cette faculté de recours est accordée, tant *aux Parties*, qu'au *Ministre* des finances.

Ce recours s'introduit, s'instruit et se juge, dans les formes et délais usités jusqu'ici pour les autres affaires de la compétence du Conseil d'Etat. (L. 14. Ord. 51.)

CHAPITRE III.

MODE DE PAIEMENT DE L'INDEMNITÉ.

§. Ier.

Inscription de Rente.

Ainsi définitivement arrêtée, soit par la Commission, s'il n'y a pas appel de sa décision ; soit, en cas d'appel, par le Conseil d'Etat : *l'indemnité* se paie par une *inscription de rente* au grand-livre, que le *Ministre des finances* est chargé de faire opérer, et dont il est délivré *un extrait* à la partie qui y a droit. (L. 13. Ord. 52.)

La rente à inscrire devra être en raison *du montant de l'indemnité liquidée.* (Loi, 13.)

Toutefois, elle ne sera inscrite que par coupons ou fractions d'un *cinquième*, d'année en année ; le premier à commencer du 22 juin 1825. (L. 5. O. 52.)

L'inscription de chaque cinquième portera jouissance des intérêts, à compter de l'époque de chaque année où elle aurait dû être faite, encore bien qu'elle n'ait été délivrée que plus tard. (L. art. 5, Ord. 53.)

(32)

Les liquidations donnant droit à des inscriptions inférieures à 250 fr. de rente, ne seront pas soumises à ces délais et fractions successives.

L'inscription en aura lieu pour la totalité, avec jouissance du 22 juin 1825. (L. 5. Ord. 52.)

§. II.

Moyens de Payement. Fonds à ce destiné.

Pour l'acquit de ces nouvelles rentes à créer, il est ouvert au Ministre des Finances, un crédit de *trente millions de rente, trois pour cent*, formant un capital d'*un milliard*, qui seront inscrites;

SAVOIR:

Six millions, le 22 juin 1825,
Six millions, le 22 juin 1826,
Six millions, à pareil jour de 1827,
Six millions. 1828,
Six millions. . . . . 1829.

Avec jouissance, pour les rentes inscrites, à compter du jour où leur inscription aurait dû être faite. (L. 6. Ord. 52.)

CHAPITRE IV.

DISPOSITIONS PARTICULIÈRES RELATIVES AUX BIENS D'ÉMIGRÉS AFFECTÉS A DES HOSPICES.

Certains biens provenant d'émigrés avaient été affectés à des hospices, en remplacement de ceux de leurs propres domaines, que la révolution avait fait vendre.

La loi du 5 décembre 1814, sur la remise des immeubles non vendus, avait excepté de cette remise ceux qui avaient été *définitivement* attribués à des hospices par des lois ou actes du Gouvernement; et quant à ceux qui n'avaient été que *provisoirement* affectés, il était dit qu'il n'y aurait lieu de les rendre aux anciens propriétaires ou à leurs héritiers, qu'alors que *l'hospice aurait reçu un accroissement de dotation, égal à la valeur de ces biens.* (Art. 8 de la loi du 5 décembre.)

D'après cette distinction, la loi nouvelle ordonne :

1°. Que les biens *définitivement* appliqués aux hospices, *leur resteront;* mais que les *anciens pro-*

priétaires, ou *leurs héritiers*, *auront droit à l'in-demnité* ; et que cette indemnité sera égale au *montant de l'estimation* qui a dû être faite en numéraire avant le décret de *cession définitive* à l'hospice ; sinon, suivant l'estimation qui en sera faite par experts, valeur de 1790. (L. 17, Ord. 28, 58.)

2°. Que quant aux biens qui n'ont été que *provisoirement* affectés, ils pourront être retirés par l'ancien propriétaire ou ses héritiers, en offrant à l'hospice une inscription de rente 3 pour cent, dont le capital soit égal au montant de la liquidation de l'indemnité. (L. 17. Ord. 27, 58.)

Lors donc qu'un immeuble d'émigré a été affecté à un hospice, soit *définitivement*, ou soit *provisoirement*, il y a toujours lieu, pour l'ancien propriétaire, ou ses héritiers, de *se pourvoir en indemnité*, de *faire régler cette indemnité* ; puisque, même au cas d'une simple affectation *provisoire*, ils ne pourront retirer l'immeuble des mains de l'hospice, qu'en lui offrant et remettant l'inscription de liquidation, ou toute autre inscription d'égale valeur. (L. 16, 17. Ord. 59.)

La Commission de la Chambre des Députés avait proposé, par amendement, que les anciens propriétaires eussent la faculté de retirer même les biens *définitivement* affectés, en transmettant l'inscription d'une rente égale au revenu net de ces biens. Mais cet amendement n'a pu passer.

CHAPITRE V.

DISPOSITIONS PARTICULIÈRES AUX CRÉANCIERS.

§. 1er.

Créanciers opposans sur le montant de l'indemnité.

La loi dont il s'agit ne s'est occupée que des *créanciers par titres antérieurs à la confiscation*, et non soldés par l'Etat.

« Elle ne prononce rien sur les autres ; elle ne porte aucune atteinte aux droits qui peuvent résulter de leurs titres. » (M. *de Martignac*.)

Elle admet donc ces créanciers *antérieurs*, à former des oppositions à la délivrance de l'inscription de rente qui reviendra à leur débiteur, ou à ses héritiers, d'après l'arrêté de liquidation.

Mais l'opposition ne pourra tenir que *pour le capital seulement* de la créance due aux opposans ;

Et l'ayant droit à l'indemnité pourra *se libérer des causes de cette opposition, en transférant* à l'opposant ou aux opposans, sur le montant de sa liqui-

(36)

dation, en rente 3 pour cent, *un capital nominal, egal à la dette réclamée.* (L. 18. Ord. 56, 57.)

» On n'autorise les créanciers à former opposition que pour le capital; parce que, précisément, l'Etat ne rend aux anciens propriétaires, qu'un capital, sans restitution de fruits.

» Le même principe conduit à décider que si ces créanciers veulent être payés sur l'indemnité, et manifestent cette volonté par des oppositions, le débiteur a droit de faire cesser ces oppositions, en leur offrant, capital pour capital, et jusqu'à due concurrence, un transfert de la rente trois pour cent, dont l'indemnité se compose. » (*M. Pardessus*, dans son Rapport.)

§. II.

Point de prescription opposable à ces créanciers.

« La même justice qui rend au débiteur, ce que la confiscation lui avait ravi, relève le créancier des déchéances qu'il avait encourues par l'effet de la même confiscation.

» Si sa dette est légitime, si des exceptions fondées sur le droit commun, ne peuvent lui être opposées, il ne sera point repoussé par les exceptions spéciales que le système des confiscations avait créées : exceptions qui doivent cesser à l'égard du créancier, dès

(37)

que les effets de ce système cessent à l'égard du débiteur. » (Rapp. de M. *Pardessus.*)

« Votre Commission aurait désiré que l'article eût
dit en termes exprès, que *la prescription* n'avait pu
courir contre les créanciers d'un émigré, durant le
temps de l'émigration de son débiteur ; mais elle a
été unanimement d'avis que le texte de la loi le disait
implicitement, et qu'il y avait lieu d'ailleurs à l'application de cette maxime du droit: *contrà non va-*
lentem agere, nulla currit præscriptio. » (Rapp.
de M. le comte *Portalis.*)

Cependant, il est de fait qu'un Membre de la
Chambre des Députés, *M. Petit-Perrin*, ayant demandé que cette disposition fût clairement énoncée
dans la loi, cet amendement n'a pas été accueilli.

§. III.

Rang d'hypothèques. — Ordre.

L'indemnité accordée est comme le prix des biens
qui ont été vendus. Ce prix est, dans la caisse de
l'État, comme le prix d'un immeuble ordinaire, dans
les mains de l'acquéreur, ou dans la caisse des consi-
gnations. Il est donc grevé des mêmes hypothèques
qui existaient sur les immeubles confisqués et vendus ; et, par conséquent, ce prix doit être réparti
suivant l'ordre de ces hypothèques, de même qu'il

(38)

aurait dû l'être au moment de la confiscation. (L. a. 1, al. 2.)

§. IV.

Tribunal compétent.

Mais il ne devra point y avoir autant d'*ordres*, qu'il y aura eu d'immeubles distincts, vendus sur le même individu, dans divers arrondissemens.

Il ne devra être introduit qu'*un seul ordre*, pour tous les biens vendus sur le même individu ; et cet ordre sera poursuivi, devant le tribunal du domicile de l'indemnisé, s'il est encore vivant ; sinon, au cas qu'il soit décédé, devant le tribunal de l'arrondissement où la succession sera réputée ouverte. (L. a. 18, al. 3.)

A. GUICHARD,

*Avocat aux Conseils du Roi,
et à la Cour de Cassation.*

Nota. Voir au second Cahier, intitulé *Supplement*, les explications et solutions faisant suite à cette Instruction.

FORMULES.

I.

PÉTITION AU PREFET,

PAR L'ANCIEN PROPRIÉTAIRE.

A Monsieur le Préfet du département de . . . .

L. . . . . (Noms, qualités, demeure, et élection d'un domicile dans le département.)
a l'honneur d'exposer,

*Qu'avant les proscriptions révolutionnaires, il
possédait en toute propriété, dans le département
de. . . . . arrondissement de. . . . . la terre de. . . .
le domaine de. . . . . la ferme de. . . . .*

(Désignation des biens, de leur situation et consistance, autant que possible.)

Que, sous prétexte d'émigration de l'exposant,

ladite terre, après avoir été séquestrée par le fisc révolutionnaire, a été vendue nationalement....

(Indiquer, autant que possible, l'époque de la vente; si c'est par adjudication aux enchères, ou sur soumission, en masse ou en plusieurs lots; énoncer les prix, si on les connaît, les noms des acquéreurs, etc.)

Et, depuis cette époque, l'exposant est resté entièrement dépouillé de cette terre, laquelle est actuellement possédée par les premiers acquéreurs ou par leurs ayans-cause.

(Enoncer leurs noms, si on les connaît.)

C'est pourquoi l'exposant vous prie et requiert, M. le Préfet, de vouloir bien faire procéder le plus diligemment possible à la liquidation de l'indemnité qui doit lui être allouée, pour raison de ladite dépossession, conformément aux dispositions de la loi du 27 avril 1825.

Et pour justifier de ses qualités et droits, l'exposant joint ici les pièces suivantes :

1ere. . . . . (Acte de naissance.)

2eme. . . . . (Certificat d'identité.)

Etc. . . . .

(Enonciation des pièces jointes, conformément aux art. 6 et 7 de l'Ord.)

2.

PÉTITION AU PRÉFET,

PAR UN HÉRITIER DE L'ANCIEN PROPRIÉTAIRE.

(L'intitulé comme ci-devant.)

A l'honneur d'exposer,
qu'il est *fils*, ou *petit-fils*, ou *neveu*, ou *cousin-
germain* de feu M. L. . . .

(Noms, qualités de l'ancien propriétaire.)

*lequel, avant la révolution, possédait en toute pro-
priété la terre de.* . . . .

(*Situation, consistance.*)

*Que, sous prétexte de l'émigration dudit M. L. . . .
le séquestre révolutionnaire a été jeté sur cette
terre; et par suite, la ferme de.* . . . *le domaine
de.* . ., *dépendans de cette terre, ont été nationalement vendus,* etc.

(Comme ci-devant.)

*Et attendu que l'exposant est l'héritier légitime
dudit defunt L.* . . . *ainsi qu'il est justifié par les
pièces ci-jointes,*

Il vous prie et requiert, M. le Préfet, etc.

(Le reste comme ci-dessus.)

(Joindre notamment l'acte de décès de l'ancien propriétaire, et les pièces établissant le droit de lui succéder, conformément à l'art. 8 de l'Ord.)

3.

PÉTITION POUR UN LÉGATAIRE UNIVERSEL.

A Monsieur le Préfet du Département de......

Etienne Pascal. . . . .

  (*Noms, qualités, demeure et élection de domicile.*)

a l'honneur d'exposer ce qui suit :

Feu M. le duc de S..... possédait , entr'autres propriétés, la terre de....., située dans votre département, arrondissement de.....

  (*Situation, consistance.*)

Cette terre a été vendue nationalement, en plusieurs parties, dans le cours de l'année....., pendant l'émigration de M. le duc de S....., lequel est mort à....., laissant une fille unique, Eugénie S....., mariée à M. le comte de B.....

Madame de B.... est elle-même décédée en France, en l'année....., sans laisser d'enfans; après avoir fait un testament, par lequel elle a institué l'exposant pour son légataire universel.

L'exposant se trouve donc appelé à recueillir l'indemnité revenante à la succession de M. le duc de S....., pour raison des biens-fonds qui ont été révolutionnairement confisqués et vendus à son préjudice.

C'est pourquoi l'exposant a l'honneur de vous adresser la présente pétition, Monsieur le Préfet, tendante à ce qu'il vous plaise ordonner que toutes les recherches et vérifications nécessaires seront faites le plus activement que possible, à l'effet de constater le montant de l'indemnité qui est dans le cas de revenir, d'après la loi, à la succession de feu M. le duc de....., pour raison des biens-fonds vendus sur lui dans l'étendue de votre département.

Il joint à la présente les Pièces suivantes :

1ere......

2me......

Etc. (Suivre les art. 6, 7, 8 de l'Ord.)

4.

PÉTITION POUR UNE VEUVE

REMARIÉE EN PAYS ÉTRANGER.

A Monsieur le Préfet du Département de......

Dame Amélie M....., veuve de feu M. le marquis

de L...., aujourd'hui épouse, en secondes noces, de Sire Edouard W..., gentilhomme anglais, demeurant à..... en Angleterre, et pour laquelle domicile est élu chez, etc.....

Expose qu'elle est née en France, fille légitime de feu M. le comte de S.... et de dame Marie N..., son épouse, lesquels étaient propriétaires, entr'autres biens, de la terre de....., située dans le département de....., arrondissement de....

(*Désignation.*)

Qu'en l'année 1787, elle fut mariée à M. le marquis de L...., lequel possédait, entr'autres biens, la terre de....., également située dans le département de.....

(*Désignation.*)

Qu'en l'année 1791, elle suivit son mari en terre étrangère; et qu'ayant été inscrite, ainsi que lui, sur les listes de proscription, le fisc révolutionnaire a fait saisir et vendre, tant de ladite terre de....., appartenant à son mari, que la terre de....., appartenant à elle-même, par succession de ses père et mère ;

Qu'ayant eu le malheur de perdre sondit mari, le marquis de....., décédé à....., en (telle année), elle s'est remariée en secondes noces à Sire Edouard W...., gentilhomme anglais, demeurant à...., en Angleterre ;

Qu'encore bien que, par ce second mariage, elle soit devenue étrangère, elle n'en a pas moins droit de réclamer l'indemnité qui lui est due par le Gouvernement français, tant pour raison des biens-fonds vendus sur ses père et mère, dont elle est l'unique héritière, que pour raison de ceux vendus sur le feu marquis de. . . . ., son premier mari, dont elle était la donataire universelle, aux termes du contrat de mariage, (ou) aux termes du testament par lui fait par acte. . . . . .

(Désignation de l'acte.)

ainsi que l'exposante en justifie par les pièces jointes à la présente.

A ces causes, l'exposante vous prie et requiert, M. le Préfet, de vouloir bien faire procéder le plus diligemment possible à la liquidation de l'indemnité qui lui est due, aux termes de la loi, pour les causes ci-dessus énoncées.

PIÈCES JOINTES.

1ere., du (tel jour).

2eme. . . . .

(Enumération des Pièces justificatives, suivant l'art. 9 de l'Ord.)

(Signature de la Requérante, ou de son mandataire.)

5.

PÉTITION POUR UN HÉRITIER
QUI A RENONCÉ.

A M. le Préfet du Département de. . . . . . .

A. . . . . P. . . . . . . (*Noms , qualités , demeure et élection de domicile.*)

A l'honneur d'exposer,
qu'il est fils et héritier pour un quart de feu M. le
comte de. . . . ., et de Madame la comtesse de. . . . .,
son épouse, etc. . . . . . .

L'Exposant ayant suivi ses père et mère en émigration , et ayant eu le malheur de les perdre , rentra
en France vers l'année. . . . . . ., mais n'y retrouva
plus aucune parcelle des biens qu'ils y avaient laissés,
et qui consistaient notamment en l'hôtel qu'ils habi-
taient à Paris , rue. . . . .; la terre de. . . . .; la
ferme de. . . . . ., etc.

(*Désignation.*)

Que s'étant vu presqu'aussitôt assailli de plusieurs

demandes et réclamations, de la part de divers individus qui se disaient créanciers de sommes considérables, l'Exposant prit le parti, pour se soustraire à
leurs poursuites, de passer un acte de renonciation
aux successions de ses père et mère;

Qu'il est instruit que ses frères et sœurs, qui ne
sont rentrés en France que plus tard, ont formé particulièrement la demande en liquidation de l'indemnité due pour raison des biens vendus révolutionnairement sur M. le comte de..... et son épouse; comme
ayant seuls droit à recueillir cette indemnité, à
l'exclusion de l'Exposant, sous prétexte de sa renonciation.

Mais l'Exposant vous prie d'observer, M. le Préfet,
qu'il n'a fait cette renonciation que forcément et dans
la supposition que l'hérédité de ses père et mère
n'avait aucun actif, et qu'il n'y avait aucune indemnité à espérer pour raison des biens vendus sur ses
père et mère;

Que d'ailleurs ses frères et sœurs n'ont accepté
que *sous bénéfice d'inventaire;* qu'ainsi ils ne s'en-
gageaient à rien, et ne couraient aucun risque;

Que dans cette position des choses, et d'après
l'article 7 de la loi du 25 avril 1825, l'Exposant a
certainement autant de droits que ses frères et sœurs,
à l'indemnité accordée par ladite loi.

A ces causes, et dans ces circonstances, l'Exposant vous prie et requiert, M. le Préfet, d'ordonner que la liquidation de l'indemnité due pour raison de la vente des susdits biens et de tous autres qui ont appartenu à feu M. le comte de...... et à Madame la comtesse de......, son épouse, sera faite dans l'intérêt, tant de l'Exposant que de ses frères et sœurs; sous réserve de tous ses autres droits.

Il joint à la présente les pièces suivantes:

1re.........

2eme,......

6.

CONTREDITS ET OBSERVATIONS.

Pour M..... (Noms et qualités du réclamant.)

Sur le Bordereau dressé par M. le Directeur des Domaines du Département de....

Relativement à l'indemnité de la vente des biens de la succession de feu M.....,

Premièrement. — *M. le Directeur a omis de comprendre dans son Bordereau l'indemnité due pour raison de....* (Tel objet.)

Secondement. — *M. le Directeur a pris pour base unique de ses calculs, le prix de vente énoncé au procès-verbal du district de......*

Cependant, il est de fait qu'avant cette adjudication, il avait été fait une visite et estimation des biens mis en vente, d'après le revenu qu'ils produisaient en 1790, etc. . . . . .

TROISIÈMEMENT. — *Quant au Domaine de. . . . . . pour lequel il ne paraît pas qu'il y ait eu d'estimation d'après le revenu de 1790, avant l'adjudication, au moins est-il certain que ce revenu se trouvait tout constaté par un bail en bonne forme, en date du. . . . , où l'on voit que le fermier rendait de ce Domaine un fermage annuel de. . . . . Ainsi, c'est ce revenu qui aurait dû être pris pour base de l'indemnité, et non pas le prix d'adjudication, etc.*

QUATRIÈMEMENT. — *M. le Directeur a pris pour base de la réduction du prix d'adjudication, le tableau de dépréciation du département de. . . . , tandis que la plus forte partie de la terre dont s'agit est située dans le département de. . . . . . Ainsi, c'est le tableau de ce dernier Département qui aurait dû être pris pour règle, etc.*

CINQUIÈMEMENT. — *M. le Directeur a fait une erreur de calcul dans la réduction du prix de vente de* (tel objet); *en effet, etc.*

SIXIÈMEMENT. — . . . . . .

Etc. . . . . .

NOTA. — Ces Pétitions doivent être sur papier timbré; mais les pièces à produire en sont exemptes.

TEXTE DE LA LOI

DU 27 AVRIL 1825.

TITRE I.

De l'allocation et de la nature de l'indemnité

ART. 1er.

Trente millions de rente, au capital d'un milliard, sont affectés à l'indemnité due par l'État aux Français dont les biens-fonds, situés en France, ou qui faisaient partie du territoire de la France au 1er. janvier 1792, ont été confisqués et aliénés, en exécution des lois sur les émigrés, les déportés et les condamnés révolutionnairement.

Cette indemnité est définitive; et, dans aucun cas, il ne pourra y être affecté aucune somme excédant celle qui est portée au présent article.

2.

Pour les biens-fonds vendus en exécution des lois qui ordonnaient la recherche et l'indication préalable du revenu de 1790, ou du revenu valeur de 1790, l'indemnité consistera en une inscription de rente 3 pour 100, sur le grand-livre de la dette publique, dont le capital sera égal à dix-huit fois

(51)

lé revenu tel qu'il a été constaté par les procès-verbaux d'expertise ou d'adjudication.

Pour les biens-fonds dont la vente a été faite en vertu des lois antérieures au 12 prairial an 3, qui ne prescrivaient qu'une simple estimation préalable, l'indemnité se composera d'une inscription de rente 3 pour 100, sur le grand-livre de la dette publique, dont le capital sera égal au prix de vente réduit en numéraire au jour de l'adjudication, d'après le tableau de dépréciation des assignats, dressé en exécution de la loi du 5 messidor an 5, dans le département où était située la propriété vendue.

Lorsque le résultat des liquidations aura été connu, les sommes restées libres sur les 30 millions de rente déterminés par l'art. 1er., seront employées à réparer les inégalités qui auraient pu résulter des bases fixées par le présent article, suivant le mode qui sera réglé par une loi.

3.

Lorsqu'en exécution de l'art. 20 de la loi du 9 floréal an 3, les ascendans d'émigrés auront acquis, au prix de l'estimation déclarée, les portions de leurs biens-fonds attribuées à l'Etat par le partage de présuccession, le montant de l'indemnité sera égal à la valeur réelle des sommes qui auront été payées. En conséquence, l'échelle de dépréciation des départemens, pour les assignats et les mandats, et le tableau du cours pour les autres effets reçus en paiement, seront appliqués à chacune des sommes versées, à la date du versement.

L'indemnité sera délivrée à l'ascendant, s'il existe, et à son défaut, à celui ou à ceux de ses héritiers qui, par les arrangemens de famille, auront supporté la perte.

Lorsque l'Etat aura reçu d'un aîné ou autre héritier insti-

4

tué, le prix des légitimes que des légitimaires frappés de confiscation avaient droit de réclamer en biens-fonds, le montant réduit de la somme payée pour prix de cette portion
légitimaire, sera restitué à ceux qui y avaient droit ou qui les
représentent.

4.

Lorsque les anciens propriétaires seront rentrés en possession des biens confisqués sur leur tête, après les avoir acquis
de l'Etat, directement ou par personnes interposées, l'indemnité sera fixée sur la valeur réelle payée à l'Etat, conformément aux règles établies par l'art. 3.

Lorsque, par les mêmes moyens, il les auront rachetés à
des tiers, l'indemnité sera égale aux valeurs réelles qu'ils jus-
tifieront avoir payées ; sans que, dans aucun cas, elle puisse
excéder celle qui est déterminée par l'art. 2. A défaut de justification, ils recevront une somme égale aux valeurs réelles
formant le prix payé à l'Etat.

Dans les deux cas ci-dessus, les ascendans, descendans, ou
femmes de l'ancien propriétaire, seront réputés personnes
interposées.

Lorsque les héritiers de l'ancien propriétaire seront rentrés directement dans la possession des biens confisqués sur
lui, l'indemnité à laquelle ils auraient droit sera fixée de la
même manière.

5.

Les rentes 3 pour 100, affectées à l'indemnité, seront inscrites au grand-livre de la dette publique, et délivrées à chacun des anciens propriétaires, ou à ses représentans, par
cinquième, et d'année en année : le premier cinquième devant être inscrit le 22 juin 1825.

L'inscription de chaque cinquième portera jouissance des

intérêts du jour auquel elle aura dû être faite, à quelque époque que la liquidation ait été terminée et la délivrance opérée.

Néanmoins, les liquidations donnant droit à des inscriptions inférieures à 250 fr. de rente, ne seront pas soumises
aux délais prescrits ci-dessus. L'inscription en aura lieu en totalité, et avec jouissance du 22 juin 1825.

6.

Pour l'exécution des dispositions ci-dessus, il est ouvert
au Ministre des Finances un crédit de trente millions de
rentes 3 pour 100, qui seront inscrits; SAVOIR :

     Six millions, le 22 juin 1825;
     Six millions, le 22 juin 1826;
     Six millions, le 22 juin 1827;
     Six millions, le 22 juin 1828;
   Et Six millions, le 22 juin 1829;

Avec jouissance, pour les rentes inscrites, du jour où leur
inscription est autorisée.

TITRE II.

De l'admission à l'indemnité, et de sa liquidation.

7.

Seront admis à réclamer l'indemnité, l'ancien propriétaire;
et, à son défaut, les Français qui étaient appelés, par la loi ou
par sa volonté, à le représenter à l'époque de son décès;
sans qu'on puisse leur opposer aucune incapacité résultant
des lois révolutionnaires.

Leurs rénonciations ne pourront leur être opposées, que
par les héritiers qui, à leur défaut, auraient accepté la succession.

Il ne sera dû aucun droit de succession, pour les indemnités réclamées dans les cas du présent article et de l'art. 3.

8.

Pour obtenir l'indemnité, les anciens propriétaires, ou leurs représentans, se pourvoiront devant le préfet du département où sont situés les biens-fonds vendus.

Le Préfet transmettra la demande au directeur des domaines du département, qui dressera le bordereau d'indemnité conformément aux dispositions précédentes.

Le bordereau sera communiqué aux réclamans; ensuite adressé, par le Préfet, au Ministre des Finances, avec les pièces produites. Il y joindra son avis motivé, qui portera, tant sur les droits et qualités des réclamans, que sur les énonciations du bordereau, et les observations ou réclamations qu'il aurait reçues.

9.

Le Ministre des Finances vérifiera : 1°. s'il n'a pas été payé de soultes ou de dettes à la décharge du propriétaire dépossédé; 2°. s'il ne lui a pas été compté, en exécution de la loi du 5 décembre 1814, des sommes provenant de reliquats de décomptes de la vente de ses biens; 3°. s'il ne s'est pas opéré de compensations pour les sommes dues par lui au même titre; 4°. si quelques-uns des biens vendus sur lui ne provenaient pas d'engagemens ou autres aliénations du domaine royal, qui n'auraient été maintenues par les lois des 14 ventose an 7 et 28 avril 1816, qu'à la charge de payer le quart de la valeur desdits biens; auquel cas, il sera fait déduction du quart sur l'indemnité due pour les mêmes biens.

Il sera dressé un état des déductions à opérer, dans les-

quelles ne seront pas compris, les sommes payées à titre de
secours aux femmes et enfans, les gages de domestiques et
autres paiemens de même nature, faits en assignats, en exécution des lois du 8 avril 1792 et 12 mars 1793.

Quelque soit le total de ces déductions, il ne pourra dimi-
nuer l'affectation des 30 millions de rente fixée par l'art. 1er.

10.

Le bordereau d'indemnité et l'état des déductions seront
transmis par le Ministre des Finances à une Commission de
liquidation nommée par le Roi.

11.

La Commission procédera d'abord à la reconnaissance des
qualités et des droits des réclamans.

Dans le cas où elle jugerait la justification irrégulière ou in-
suffisante, elle les renverra devant les tribunaux, pour faire
statuer sur leur qualité, contradictoirement avec le procureur
du Roi.

S'il s'élève entre les réclamans des contestations sur leurs
droits respectifs, la Commission les renverra également à se
pourvoir devant les tribunaux pour faire prononcer sur leurs
prétentions, le Ministère public entendu.

Il y sera statué comme en matière sommaire, à moins qu'il
ne s'élève quelque question d'Etat.

12.

Quand la justification des qualités aura été reconnue suffisante, ou quand il aura été statué par les tribunaux, la Com-

mission ordonnera qu'il sera donné copie aux ayans-droit, des bordereaux dressés dans les départemens, et de l'état des déductions proposées par le Ministre des Finances ; et elle procédera à la liquidation, après avoir pris connaissance de leurs mémoires et observations.

13.

La liquidation opérée, la Commission donnera avis de sa décision aux ayans-droit, et la transmettra au Ministre des Finances, qui fera opérer l'inscription de la rente, pour le montant de l'indemnité liquidée, dans les termes et délais qui ont été prescrits.

14.

Les ayans-droit pourront se pourvoir, contre la liquidation de la Commission, devant le Roi, en son Conseil d'Etat, dans les formes et dans les délais fixés pour les affaires contentieuses.

La même faculté est réservée au Ministre des Finances.

TITRE III.

Des Déportés et des Condamnés.

15.

Les dispositions précédentes seront applicables aux biens confisqués et aliénés au préjudice des individus déportés ou condamnés révolutionnairement.

Sera déduit de l'indemnité, le montant des bons au porteur,

donnés en remboursement aux déportés et aux familles des condamnés, en exécution des décrets des 21 prairial et 22 fructidor an 3, réduit en numéraire au cours du jour où la remise leur en a été faite.

TITRE IV.

Des biens affectés aux hospices et autres établisse-mens de bienfaisance, et des biens concédés gra-tuitement.

16.

Les anciens propriétaires des biens donnés aux hospices et autres établissemens de bienfaisance, soit en remplacement de leurs biens aliénés, soit en paiement de sommes dues par l'Etat, auront droit à l'indemnité ci-dessus réglée. Cette indemnité sera égale au montant de l'estimation en numéraire faite avant la cession.

17.

En ce qui concerne les biens qui n'ont été que provisoirement affectés aux hospices et autres établissemens de bienfaisance, et qui, aux termes de l'art. 8 de la loi du 5 décembre 1814, doivent être restitués, lorsque ces établissemens auront reçu un accroissement de dotation égal à la valeur de ces biens : les anciens propriétaires ou leurs représentans pourront en demander la remise, aussitôt qu'ils auront transmis à l'hospice détenteur, une inscription de rente 3 pour 100, dont le capital sera égal au montant de l'estimation qui leur est due à titre d'indemnité.

En ce qui concerne les biens définitivement et gratuitement

concédés par l'Etat, soit à d'autres établissemens publics, soit à des particuliers, l'indemnité due aux anciens propriétaires sera réglée conformément à l'art. 16 ci-dessus. A défaut d'estimation desdits biens, antérieure à la cession qui en a été faite, ils seront estimés contradictoirement et par experts, valeur de 1790.

TITRE V.

Des Droits des Créanciers relativement à l'Indemnité.

18.

Les oppositions qui seraient formées à la délivrance de l'inscription de rente, par les créanciers des anciens propriétaires, porteurs de titres antérieurs à la confiscation, non liquidés et non payés par l'Etat, n'auront d'effet que pour le capital de leurs créances.

Les anciens propriétaires, ou leurs représentans, auront droit de se libérer des causes de ces oppositions, en transférant auxdits créanciers, sur le montant de la liquidation en rente de 3 pour 100, un capital nominal égal à la dette réclamée.

Ces créanciers exerceront leurs droits suivant le rang des priviléges et hypothèques qu'ils avaient sur les immeubles confisqués.

L'ordre ou la distribution seront faits, s'il y a lieu, quel que soit le juge de la situation desdits biens, devant le tribunal du domicile de l'ancien propriétaire, ou devant le tribunal dans le ressort duquel la succession s'est ouverte.

(59)

TITRE VI.

Des délais pour l'Admission.

19.

Les réclamations tendantes à obtenir l'indemnité devront être formées, à peine de déchéance, dans les délais suivans; savoir :

Dans un an, par les habitans du Royaume;

Dans dix-huit mois, par ceux qui se trouvent dans les autres États de l'Europe;

Dans deux ans, par ceux qui se trouvent hors d'Europe.

Ces délais courent du jour de la promulgation de la présente loi.

20.

Il sera ouvert, dans chaque préfecture, un registre spécial, où seront inscrites, à leur date, les réclamations qui auront été adressées au préfet, ainsi que le résultat de chacune des liquidations, lorsqu'elle aura été terminée.

Des extraits régulièrement certifiés de ce registre seront délivrés à toutes personnes qui auront intérêt à les réclamer.

TITRE VII.

Dispositions générales.

21.

Il sera annuellement distribué aux Chambres, avec les pro-jets de loi des comptes, des états détaillés de toutes les liquidations arrêtées conformément aux dispositions de la présente loi, pendant l'exercice auquel se rapporteront ces projets.

22.

Pendant cinq ans, à compter de la promulgation de la présente loi, tous actes translatifs de la propriété des biens confisqués sur les émigrés, les déportés et les condamnés révolutionnairement, et qui seraient passés entre le propriétaire actuel desdits biens, et l'ancien propriétaire ou ses héritiers, seront enregistrés moyennant un droit fixe de 3 fr.

23.

La qualité d'étrangère ou d'étranger, ne pourra être opposée, relativement à l'exécution de la présente loi, aux Françaises veuves ou descendantes d'émigrés, de déportés ou de condamnés révolutionnairement, lesquelles auraient contracté mariage avec des étrangers, antérieurement au 1er. avril 1814, ni à leurs enfans nés de père ayant joui de la qualité de Français.

24.

L'art. 1er. de la loi du 5 décembre 1814, continuera de sortir son plein et entier effet; en conséquence, aucune des dispositions de la présente loi ne pourra préjudicier, en aucun cas, aux droits acquis, avant la publication de la Charte constitutionnelle et maintenus par ledit article, soit à l'Etat, soit à des tiers, ni donner lieu à aucun recours contre eux.

———

NOTA. *Vous trouverez au Cahier suivant, le texte de l'Ordonnance royale du 1er. mai; avec des explications et solutions sur différens cas particuliers.*

TABLE DES MATIERES.

DEUXIÈME PARTIE.

Mode de demandes, Mode d'instruction, de liquidation et de paiement.

NOTA. Au Cahier suivant, intitulé *Supplément,* on trouvera le texte de l'Ordonnance du 1er. mai, suivi d'Explications et Solutions sur diverses Questions ; plus, l'Ordonnance du 8 mai, sur l'organisation de la Commission de liquidation.

Nota. — De mois en mois ou environ, il sera
publié un Cahier de Supplément, contenant les Ordonnances, Décisions administratives, Jugemens et
Arrêts des tribunaux, qui auront été rendus dans
l'intervalle, ainsi que des Avis et Solutions sur toutes
questions relatives à l'Indemnité des Émigrés.

Les Personnes qui désireraient être assurées de les
recevoir aussitôt leur apparition, pourront s'abonner d'avance, pour cinq ou dix Cahiers, moyennant
5 ou 10 fr., chez Madame veuve PORTHMANN, Imprimeur, rue Sainte-Anne, n°. 43; et ces cahiers leur
seront exactement envoyés à domicile, et port franc,
à mesure qu'ils paraîtront.

SUPPLÉMENT

AU

MANUEL DE L'INDEMNITÉ

DES ÉMIGRÉS.

ORDONNANCE ROYALE,

DU 1er. MAI 1825.

CHARLES, PAR LA GRACE DE DIEU, ROI DE FRANCE ET DE NAVARRE,

A tous ceux qui ces présentes verront : SALUT.

Vu la loi du 27 avril 1825, portant affectation d'un fonds de trente millions de rentes au paiement de l'indemnité due par l'Etat aux Français dont les biens-fonds situés en France, ou qui faisaient partie du territoire Français au 1er. janvier 1792, ont été confisqués et aliénés en vertu des lois sur les émigrés, les déportés et les condamnés révolutionnairement;

Voulant déterminer le mode d'exécution de la loi, de manière à accélérer, autant qu'il est possible, les liquidations,

Sur le rapport de notre Ministre Secrétaire d'Etat au département des Finances,

5

Nous avons ordonné et ordonnons ce qui suit :

TITRE Ier.

Dispositions générales.

ART. 1er.—Il sera procédé immédiatement, par les directeurs des domaines dans les départemens, à la liquidation de l'indemnité due par l'Etat pour tous les biens-fonds confisqués et vendus révolutionnairement.

Ces liquidations seront faites au nom du propriétaire dépossédé, et serviront de base aux bordereaux à former sur les réclamations des parties, conformément aux dispositions contenues en la présente ordonnance.

2. — Notre Ministre secrétaire d'état des finances transmettra au directeur général de l'administration de l'enregistrement et des domaines, l'état des déductions à imputer sur l'indemnité due aux anciens propriétaires de biens-fonds confisqués et vendus révolutionnairement, ou à leurs représentans. Cet état sera adressé aux directeurs des domaines de chaque département. Il contiendra, les dettes payées à la décharge du propriétaire dépossédé, excepté en ce qui concerne les sommes payées à titre de secours aux femmes et enfans, les gages de domestiques, et autres paiemens de même nature, faits en assignats, et en exécution des lois des 8 avril 1792, et 12 mars 1793.

3.—Le directeur général de l'enregistrement et des domaines joindra à l'état qui lui aura été transmis par le Ministre des finances, un tableau indicatif :

1°. Des soultes payées à la décharge des propriétaires dépossédés ;

2°. Des sommes provenant de reliquats de décomptes, les-

quelles ont été remises aux anciens propriétaires à ou leurs représentans, en exécution de la loi du 5 décembre 1814, et des
compensations opérées à leur profit pour des sommes dues par
eux au même titre;

3°. Du montant des bons au porteur donnés en remboursement aux déportés et aux familles des condamnés, en exécution des décrets des 21 prairial et 22 fructidor an 3, réduits
en numéraire, au cours du jour où la remise leur en a été
faite.

Il prescrira aux directeurs de son administration, dans les
départemens où sont situés les biens vendus révolutionnairement, et qui proviennent d'engagemens ou autres aliénations
du domaine royal, qui n'auraient été maintenus par les lois des
14 ventose an 7 et 28 avril 1816, qu'à la charge de payer le
quart de la valeur desdits biens, d'en dresser un état général,
afin qu'il soit fait déduction du quart sur l'indemnité due pour
les mêmes biens.

4. — Les préfets feront rechercher sans délai dans les archives
du département, et classer à l'aide d'un répertoire alphabé-
tique, les procès-verbaux d'expertise, d'adjudication ou de
partage, et tous les autres actes administratifs concernant les
biens-fonds confisqués ou aliénés en exécution des lois sur
les émigrés, les déportés et les condamnés révolutionnairement, et qui devront être, ou consultés par les employés su-
périeurs des domaines, ou produits pour la vérification ou la
constatation des relevés ou extraits d'après lesquels les décomptes d'indemnité auront été établis.

Un semblable travail aura lieu pour les titres des créances
dont la liquidation a été faite dans les départemens.

1 *

TITRE II.

Des demandes en indemnité, et des pièces qui doivent y être annexées.

5.—L'ancien propriétaire des biens-fonds qui, en exécution des lois sur les émigrés, les déportés et les condamnés révolutionnairement, ont été confisqués et aliénés, ou qui ont été soit donnés aux hospices et autres établissemens de bienfaisance, en remplacement de leurs biens vendus ou en paiement de dettes, soit affectés provisoirement à de semblables établissemens, soit concédés gratuitement à d'autres établissemens ou à des particuliers;

A défaut de l'ancien propriétaire, les Français qui étaient appelés par sa volonté ou par la loi, à le représenter à l'époque de son décès; les héritiers qui, en cas de renonciation des héritiers naturels ou institués, auraient accepté la succession, ou ceux qui, par les arrangemens de famille, ont supporté la perte résultant de la confiscation;

Les Françaises, veuves ou descendantes d'émigrés, de déportés ou de condamnés révolutionnairement, lesquelles auraient contracté mariage avec des étrangers antérieurement au 1er. avril 1814, et leurs enfans nés de pères ayant joui de la qualité de Français,

Devront, pour obtenir l'indemnité, adresser une demande en liquidation au préfet du département de la situation des biens.

6. — Toute demande en indemnité contiendra :

1°. Election de domicile dans le département de la situation des biens-fonds ;

2°. Les noms et prénoms des individus sur lesquels les biens-fonds ont été confisqués;

3°. La déclaration que le réclamant n'est pas rentré, depuis la confiscation, en la possession des mêmes biens, ou s'il y est rentré, les indications contenues aux articles 13, 14 et 15 de la présente ordonnance.

Cette demande sera, en outre, appuyée des titres et pièces nécessaires pour établir la qualité d'ayans-droit à l'indemnité, conformément à ce qui va être indiqué.

7. — Lorsque l'indemnité sera réclamée par l'ancien propriétaire, il devra justifier de sa qualité, en produisant :

1°. Un extrait de son acte de naissance en due forme;

2°. Un acte de notoriété, dressé par-devant le juge de paix, de la situation des biens confisqués, ou du domicile du réclamant, signé par cinq témoins notables, et constatant son identité avec le propriétaire dépossédé.

8. — Si la demande en indemnité est formée par les Français qui étaient appelés par la loi, ou par la volonté de l'ancien propriétaire, à le représenter à l'époque de son décès, les réclamans produiront, indépendamment de l'extrait de naissance de chacun d'eux, l'extrait des registres de l'état civil, constatant le décès du propriétaire dépossédé, et les actes servant à établir leurs droits à la succession.

Les héritiers qui entendront se prévaloir de la renonciation qui aura été faite à la succession de l'ancien propriétaire, par les héritiers naturels ou institués à l'époque de son décès, devront, en outre, produire une copie en due forme de l'acte de renonciation, et la preuve de leur acceptation.

9. — Les Françaises, veuves ou descendantes d'émigrés, déportés ou condamnés révolutionnairement, que l'art. 23 de la loi admet à participer à l'indemnité, bien que mariées avec des étrangers, lorsque le mariage a été contracté antérieure-

ment au 1er. avril 1814, devront présenter, indépendámment des pièces mentionnées aux articles ci-dessus, une copie de leur acte de mariage, revêtue des légalisations nécessaires.

10. — Les enfans des Françaises, veuves ou descendantes d'émigrés, déportés ou condamnés révolutionnairement, qui sont nés de pères ayant joui de la qualité de Français, et que l'art. 23 de la loi appelle également à jouir de l'indemnité, joindront à leur demande et aux titres établissant leurs droits, les actes authentiques constatant que leur père a possédé la qualité de Français, et l'acte de mariage de leur mère.

11.—Lorsque la demande en indemnité sera fondée sur les dispositions du premier paragraphe de l'art. 3 de la loi, les ascendans d'émigrés qui auront acquis de l'Etat, au prix de l'estimation déclarée, les portions de leurs biens-fonds attribués à l'Etat par le partage de présuccession, devront, en même temps qu'ils requerront la liquidation de leur indemnité dans la forme indiquée aux articles 5, 6 et 7 de la présente ordonnance, faire la déclaration du rachat qu'ils ont effectué, et indiquer les noms et prénoms de ceux sur lesquels la confiscation a été opérée.

A défaut de l'ascendant, acquéreur de l'Etat, celui ou ceux des héritiers qui, d'après les arrangemens de famille, auront supporté la perte, devront en faire la déclaration dans la demande qu'ils adresseront au Trésor, et administrer la preuve des droits et qualités auxquels ils réclament.

12.—Les légitimaires frappés de confiscation dans les biens-fonds qu'ils avaient droit de réclamer pour leur légitime: à défaut des légitimaires, leurs représentans devront réunir à leur demande et aux titres établissant leurs qualités et droits, l'indication des biens-fonds sur lesquels ils avaient droit de réclamer *en nature* leur légitime, et les noms et prénoms de l'aîné ou autre héritier institué qui a acquis les biens.

13. A l'égard de l'ancien propriétaire, rentré en possession des biens confisqués sur lui, après les avoir acquis de l'Etat, soit directement, soit par ascendant, descendant, femme ou toute autre personne interposée; ou de l'héritier de l'ancien propriétaire, qui a racheté directement de l'Etat les biens confisqués sur son auteur, la demande qu'ils adresseront au préfet, conformément aux articles 5, 6 et 7 de la présente ordonnance, devra, en outre, contenir la déclaration du rachat qu'ils ont effectué et la désignation des noms et prénoms de la personne interposée.

14.—Lorsque, par rachat fait à des tiers, l'ancien propriétaire sera rentré en possession de biens confisqués sur sa tête, soit par lui directement, soit par ascendant, descendant, femme ou toute autre personne interposée; ou lorsque l'héritier de l'ancien propriétaire sera rentré en possession des biens confisqués sur son auteur, par acquisition directe faite à l'Etat : la demande, adressée au préfet, en conformité des articles 5, 6 et 7, en contiendra la déclaration; et pour que l'indemnité soit appréciée et réglée à une somme égale aux valeurs réelles payées au tiers vendeur, sans qu'elle puisse toutefois excéder l'allocation résultante de l'art. 2 de la loi, le réclamant, indépendamment des titres servant à justifier de ses droits et qualité, devra produire :

1°. Dans le cas où l'ancien propriétaire lui-même ou son héritier aurait racheté directement à des tiers, une copie du contrat d'acquisition ayant date certaine;

2°. Si le rachat a été fait par personne interposée, ou par ascendans, descendans ou femme de l'ancien propriétaire, l'acte d'acquisition par la personne interposée, et l'acte de rétrocession, l'un et l'autre en forme authentique ou ayant date certaine.

15.—Les réclamans qui ne pourraient administrer la preuve

des sommes qu'ils ont payées à des tiers, pour le rachat des biens dans la possession desquels ils sont rentrés, devront, dans la demande en indemnité qu'ils adresseront au préfet, faire la déclaration de l'impossibilité où ils se trouvent de fournir les justifications nécessaires.

TITRE III.

De l'enregistrement des demandes en indemnité déposées à la préfecture, et des délais fixés pour leur admission.

16.—Toute demande en indemnité parvenue à la préfecture, sera aussitôt portée sur le registre spécial qui doit y être ouvert, en exécution de l'art. 20 de la loi. Ce registre, conforme au modèle ci-annexé, sera coté et paraphé par première et dernière par le préfet. Les réclamations y seront inscrites à la date et dans l'ordre de leur arrivée ; chaque demande sera revêtue d'un visa signé par le secrétaire général, avec indication du numéro et de la date de l'enregistrement.

Le même registre servira également à constater successivement et d'une manière sommaire la suite donnée à chaque affaire, jusqu'à sa conclusion.

Des extraits régulièrement certifiés de ce registre, ou de l'enregistrement des demandes, seront délivrés à toutes personnes qui auront intérêt à les réclamer.

17. — Aux termes de l'art. 19 de la loi, les réclamations tendantes à obtenir l'indemnité, devront être formées, à peine de déchéance, dans le délai d'un an pour les habitans du royaume, de dix-huit mois pour ceux qui se trouvent dans les autres États de l'Europe, et de deux ans pour ceux qui se trouvent hors d'Europe.

En conséquence, à la fin du jour de l'expiration d'une année, à partir de la promulgation de la loi dans le département, le préfet sera tenu de clorre et d'arrêter le registre des réclamations par un procès-verbal constatant l'heure de la clôture, et dont il adressera une ampliation à notre Ministre secrétaire d'Etat des finances dans les vingt-quatre heures.

18. — Ne seront plus admises à l'enregistrement,

1°. Les demandes en indemnité présentées après le délai d'un an, jusqu'à celui de dix-huit mois, si elles ne sont accompagnées de la preuve authentique, que le réclamant se trouvait dans les autres Etats de l'Europe, au moment de la promulgation de la loi;

2°. Les demandes qui seront présentées après dix-huit mois, jusqu'au terme de deux ans, à moins qu'elles ne soient accompagnées de la preuve authentique constatant qu'au moment de la promulgation de la loi, le réclamant se trouvait hors d'Europe.

19. — Aussitôt après la réception et l'enregistrement des demandes, le préfet les transmettra au directeur des domaines du département chargé de préparer les élémens de la liquidation, et de dresser, en conséquence, le bordereau de l'indemnité.

TITRE IV.

De la réunion des élémens de liquidation, et de la formation des bordereaux d'indemnité par les directeurs des domaines.

20. — A la réception des demandes à lui transmises par le préfet, le directeur des domaines procédera à la formation du bordereau d'indemnité, dans l'ordre des inscriptions sur

le registre de la préfecture, et conformément à ce qui va être ci-après indiqué.

21. — Si les biens-fonds ont été vendus en exécution des lois qui ordonnaient la recherche et l'indication préalable du revenu de 1790 ou du revenu valeur de 1790, le bordereau contiendra l'énonciation du procès-verbal d'expertise ou d'adjudication, en ce qui concerne la date des lois ou décrets en vertu desquels l'aliénation a été faite, et celle des actes d'aliénation ; les noms et prénoms des propriétaires dépossédés, la désignation des biens, l'évaluation de leur revenu, les causes de leur confiscation et la fixation de l'indemnité à un capital égal à dix-huit fois le revenu, tel qu'il a été constaté par les procès-verbaux d'expertise ou d'adjudication.

22. — Si la vente a été faite en vertu des lois antérieures an 12 prairial an 3, qui ne prescrivaient qu'une simple estimation préalable, le bordereau contiendra l'énonciation du procès-verbal d'adjudication en ce qui a rapport aux noms et prénoms du propriétaire dépossédé, à la date des lois en exécution desquelles les ventes ont été faites, à celles des actes de ventes, à la désignation des biens aliénés, aux causes de la confiscation, à la date et au montant de la vente ; et le réglement de l'indemnité en capital à une somme égale au prix de la vente réduit en numéraire, au jour de l'adjudication, d'après le tableau de dépréciation des assignats, dressé dans le département où étaient situées les propriétés vendues.

23. — A l'égard des portions de biens attribuées à l'Etat par le partage de présuccession, qui ont été rachetées par l'ascendant d'un émigré, ou des portions de biens-fonds que des légitimaires frappés de confiscation avaient droit de réclamer, et dont le prix a été payé à l'Etat par un aîné ou autre héritier institué, le bordereau dressé par le directeur des domaines portera :

1°. Les énonciations de l'acte de liquidation et partage du patrimoine déclaré en exécution de la loi du 28 avril 1795 (7 floréal an 3), en ce qui a rapport aux noms et prénoms de l'acquéreur et du propriétaire dépossédé, à la désignation des biens, aux causes de la confiscation, à la date et au montant de la vente;

2°. Le relevé fait sur les registres des domaines, constatant la nature des valeurs données en paiement, la date et le montant de chacun des versemens en principal et intérêts;

3°. Le réglement de l'indemnité à la valeur des sommes qui auront été payées à l'Etat, suivant l'application à chacune des sommes versées et à la date du versement, de l'échelle de dépréciation des départemens pour les assignats ou les mandats, et le tableau du cours pour les autres valeurs reçues en paiement.

24. — Quant aux biens-fonds qui sont rentrés en la possession de l'ancien propriétaire, après avoir été rachetés de l'Etat, soit par l'ancien propriétaire directement, soit par ascendans, descendans, femmes ou autres personnes interposées; le bordereau devra comprendre l'énonciation de l'acte de vente relativement à la date de l'aliénation, aux noms, prénoms de l'acquéreur et du propriétaire dépossédé, aux rapports de parenté ou d'alliance existans entre eux, à la désignation et au prix de vente des biens, aux causes de la confiscation, à la nature des valeurs données en paiement, à la date et au montant de chacun des versemens en principal et intérêts, et la fixation de l'indemnité à la valeur réelle payée à l'Etat.

25. — Si la demande en indemnité est présentée par des héritiers de l'ancien propriétaire rentrés dans la possession des biens confisqués sur lui, après les avoir acquis de l'Etat directement, l'indemnité sera réduite à la valeur des sommes payées à l'Etat, et le bordereau renfermera, en conséquence,

les mêmes énonciations que celles dont il a été fait mention à l'article précédent.

26.—Lorsque les anciens propriétaires seront rentrés en possession des biens confisqués sur leurs têtes, après les avoir rachetés à des tiers, directement, ou par ascendant, descendant, femme et toute autre personne interposée, ou lorsque l'héritier de l'ancien propriétaire sera rentré en possession des biens confisqués sur lui, et par acquisition directe faite à des tiers, le bordereau comprendra :

1°. Le montant de l'indemnité d'après les valeurs payées, et les justifications fournies par le réclamant, conformément à l'art. 14 de la présente ordonnance;

2°. Le montant de l'indemnité résultant de l'application des bases générales de la loi et des dispositions contenues à l'art. 21 ou à l'art. 22 de la présente ordonnance, suivant l'époque à laquelle la vente desdits biens a eu lieu;

3°. Et, en définitive, le réglement de l'indemnité à la moindre des deux sommes provenant de la double liquidation ci-dessus prescrite.

A défaut de justifications, la fixation de l'indemnité sera égale aux valeurs réelles formant le prix payé à l'Etat, et, en conséquence, le bordereau dressé par le directeur des domaines devra contenir les diverses indications contenues à l'art. 23 ci-dessus.

27. — A l'égard des biens qui ont été donnés aux hospices ou autres établissemens de bienfaisance, soit en remplacement de leurs propriétés aliénées, soit en paiement des sommes à eux dues par l'Etat, ainsi que des biens qui n'ont été que provisoirement affectés à des établissemens de bienfaisance; le directeur énoncera, dans le bordereau, la date de la confiscation, les noms et prénoms du propriétaire dépossédé, la date des lois et décrets en exécution desquels ont été faites les concessions, celle des actes de conces-

sion , le nom de l'établissement concessionnaire , la désignation des biens , le prix de l'estimation tel qu'il a été porté dai s
l'acte de concession , et la fixation de l'indemnité au montant
de l'estimation en numéraire faite avant la cession.

28. — En ce qui concerne les biens définitivement et gratuitement concédés par l'Etat, soit à des établissemens publics, autres que des hospices et établissemens de bienfaisance, soit à des particuliers, le bordereau contiendra
les énonciations portées à l'article précédent, s'il a été procédé
à l'estimation avant la cession.

A défaut d'estimation antérieure à la cession, le directeur
provoquera auprès du préfet l'expertise d'après laquelle sera
établie la valeur desdits biens à l'époque de 1796, ou valeur
de 1790. Les experts seront an nombre de trois. Ils seront
nommés par les ayans-droit à l'indemnité, et par le préfet. Si
le préfet et les parties ne peuvent s'entendre sur la nomina-
tion des trois experts, il y sera pourvu, conformément au
Code de procédure civile, par le tribunal de la situation des
biens. Expédition du procès-verbal d'expertise sera remise au
directeur des domaines. Le résultat en sera consigné au bordereau établi dans la forme indiquée à l'article précédent, et
contenant le réglement de l'indemnité à un capital égal au
montant de l'estimation, d'après l'expertise contradictoire.

29. — Lorsque les archives du département auront été dé-
truites, cette circonstance devra être constatée par le préfet, et
il sera suppléé aux procès-verbaux d'expertise ou d'adjudication, et autres actes administratifs, par les sommiers des receveurs des domaines.

30. — Le bordereau présentera le décompte de la totalité
de l'indemnité due à l'ancien propriétaire, pour raison des
biens confisqués sur sa tête, et vendus révolutionnairement
dans le même département.

Si , à défaut de l'ancien propriétaire, la demande en liquidation a été faite par un héritier ou autre ayant-droit, le nom de l'héritier ou de l'ayant-droit sera, en outre, porté dans le bordereau, avec la désignation de la qualité en laquelle il agit, de la part qu'il réclame dans la liquidation de l'indemnité de l'ancien propriétaire, et le réglement de l'indemnité, réduit conformément aux dispositions de la loi, dans le cas où il se trouverait dans la situation prévue aux articles 25 et 26 de la présente ordonnance.

31. — Mention sera faite sur le bordereau de l'indemnité de la somme due par l'ancien propriétaire ou par le réclamant, suivant les états du passif qui seront transmis par le directeur général des domaines, conformément aux dispositions de l'art. 3 de la présente ordonnance. Si, d'après ces mêmes états, aucune dette n'est à imputer sur l'indemnité, mention en sera faite et certifiée au bordereau par le directeur des domaines.

32. — Si la communication des pièces qui auront servi à la formation du bordereau d'indemnité ou des titres de créance qui y sont mentionnés, est demandée par les parties, elle leur sera donnée sans déplacement, sur une demande adressée aux fonctionnaires et agens entre les mains desquels ces pièces ou titres se trouvent déposés.

33. — Le directeur des domaines adressera au préfet les bordereaux d'indemnité, en double expédition, et toutes les pièces à l'appui, avec telles observations qu'il jugera utiles, soit sur les droits et qualités des réclamans, soit sur les justifications par eux produites, soit sur les bases adoptées pour la liquidation et la formation des bordereaux d'indemnité, et enfin sur tout ce qui peut être sujet à discussion ou à contestation.

TITRE V.

*De la communication des bordereaux d'indem-
nité aux réclamans ; de la vérification des titres
par le conseil de préfecture, et de ses avis.*

34. — Après le renvoi qui lui aura été fait du bordereau
d'indemnité, le préfet en donnera une copie aux réclamans,
au domicile qu'ils auront élu dans le département, ainsi que
de l'état des dettes mentionnées au bordereau, afin qu'ils
aient à lui présenter leurs mémoires et observations.

Ces mémoires devront être accompagnés d'observations
distinctes et séparées, ayant pour objet la lésion qui pourrait
résulter pour les réclamans de l'application des dispositions
générales de la loi, et qui porterait l'allocation à une somme
moindre que dix-huit fois le revenu *réel* de 1790.

35. — Aussitôt après que les observations ou mémoires
que les réclamans auraient à présenter, lui seront parvenus,
le préfet, en conseil de préfecture, procédera, 1°. à la vérification des titres justificatifs des qualités et droits des réclamans ; 2°. à l'examen des bases adoptées pour le réglement de
l'indemnité, des énonciacions du bordereau et des observations des réclamans.

Il donnera sur le tout un avis motivé.

56. — Le préfet, en conseil de préfecture, par un avis distinct et séparé, donnera son opinion sur le mérite des réclamations pour cause de lésion, résultant pour les ayans-droit
de la fixation de l'indemnité à un capital moindre de dix-huit
fois le revenu *réel* de 1790.

37. Si, dans un bordereau, le montant de l'indemnité se
trouve excédé ou seulement balancé par l'imputation des

dettes du réclamant envers l'Etat, le bordereau, nonobstant ce résultat, devra être vérifié, discuté, et donner lieu à un avis du préfet en conseil de préfecture.

38. — Ampliation certifiée de l'avis du préfet, séant en conseil de préfecture, sera communiquée aux parties, dans les huit jours de sa date, au domicile par elles indiqué dans la demande.

Dans le même délai, cet avis, portant mention de la communication faite aux parties, sera adressé par le préfet à notre ministre secrétaire d'Etat des finances, avec toutes les pièces à l'appui, ensemble les mémoires et observations des réclamans, concernant les résultats du bordereau.

Les observations que les réclamans pourraient avoir à présenter contre l'avis du conseil de préfecture, devront être adressées directement à notre ministre secrétaire d'Etat des finances.

39. — Le conseil de préfecture se réunira trois fois par semaine, et plus fréquemment s'il est reconnu nécessaire, à l'effet de délibérer sur les demandes en indemnités : ses avis seront consignés sur un registre spécial.

40. — Notre Ministre secrétaire d'Etat des finances communiquera à l'administration des domaines, avant de les transmettre à la commission de liquidation, les bordereaux d'indemnité qui lui auront été envoyés par les Préfets, et les mémoires ou observations que lui adresseraient les réclamans ; il fera vérifier s'il n'a pas été commis de double emploi ou d'omission dans la déduction des dettes portées aux états de passif, dressés au ministère des finances ou à la direction des domaines.

TITRE VI.

De la Commission de liquidation, de ses opéra-tions, et de l'inscription des rentes liquidées.

41. — La Commission de liquidation sera composée de vingt-six membres.

Les rapports seront faits à la Commission par tous les maîtres des requêtes composant le service ordinaire de notre Conseil d'Etat, à leur tour de rôle.

La voix du maître des requêtes rapporteur comptera dans les délibérations.

42. — La Commission sera divisée en cinq sections : elles seront présidées par un Ministre d'Etat.

Il suffira de trois membres présens pour que les délibérations puissent avoir lieu. En cas de partage, l'affaire sera renvoyée à toutes les sections réunies.

43. — Il y aura près de la Commission de liquidation un Secrétaire général.

Dans chacune des cinq sections, un secrétaire-adjoint tiendra la plume, et rédigera le procès-verbal des séances.

44. — La Commission de liquidation recevra, de notre Ministre secrétaire d'état des finances, les titres, bordereaux, états de passif, accompagnés des avis donnés, tant par le préfet en conseil de préfecture que par l'administration des domaines, et des observations et mémoires produits par les réclamans.

45. — Les communications faites à la Commission, par notre Ministre secrétaire d'Etat des finances, seront consignées sur un registre; les réclamations seront examinées dans l'ordre de leur transmission.

46. — La Commission procédera d'abord à la reconnais-sance des qualités et droits des réclamans.

Si elle pense que leurs titres soient insuffisans, que leur justification est irrégulière, ou s'il s'élève entre les réclamans des contestations sur leurs droits respectifs, la Commission les renverra à se pourvoir devant l'Autorité compétente, pour faire statuer sur leurs qualités, ou prononcer sur leurs préten-tions.

47. — Quand la justification des qualités et droits aura été reconnue suffisante, ou quand il aura été statué conformé-ment à l'article précédent, la Commission, après avoir véri-fié qu'il a été donné copie aux parties des bordereaux et états de passif, procédera à la liquidation, conformément aux ba-ses posées par la loi pour les différentes classes de biens con-fisqués ou vendus.

48. — Les délibérations de la Commission seront signées du président et du secrétaire général.

Il en sera adressé copie à notre Ministre secrétaire d'E-tat des finances.

49. — La communication à donner aux ayans-droit con-formément à l'art. 19 de la loi, aura lieu par l'intermédiaire des préfets, au domicile élu dans les demandes d'indem-nité.

50. — Après cette notification, les ayans-droit pourront requérir l'inscription immédiate de la rente liquidée à leur profit, en déclarant qu'ils n'entendent pas exercer de pour-voi. Leur demande contiendra en outre, l'indication du dé-partement où ils veulent être payés des arrérages de la rente à inscrire en leur nom. A défaut de déclaration, la délivrance de l'inscription n'aura lieu qu'après l'expiration du délai ac-cordé pour le pourvoi.

Ceux dont l'indemnité n'excéderait pas une rente de 250

francs, pourront en réclamer l'inscription immédiate et intégrale, en affirmant qu'ils n'ont droit à aucune autre liquidation.

51.—En cas de pourvoi, par-devant Nous, en notre Conseil d'Etat, soit par les ayans-droit, soit par notre Ministre
des finances, conformément aux dispositions de l'art. 14 de
la loi, il sera sursis à la délivrance de l'extrait d'inscription,
jusqu'à la décision à intervenir.

52.—A la réception des déclarations voulues par l'art. 50
ci-dessus, qui lui seront transmises par le préfet, notre
Ministre secrétaire d'Etat des finances fera procéder., par
imputation sur le crédit de 30 millions de rentes qui lui est
ouvert, à l'inscription intégrale des rentes de 250 francs et
au-dessous. A l'égard de celles qui excéderaient cette quotité,
il y sera procédé par cinquième, à l'époque du 22 juin de
chaque année, à partir de 1825, avec jouissance du jour de
l'inscription autorisée.

53. — La remise des extraits d'inscriptions sera faite aux
ayans-droit, à Paris, par le directeur du grand-livre de la
dette inscrite au Ministère des Finances; dans les départemens, par le receveur général.

54.—Notre Ministre secrétaire d'Etat des finances prendra les mesures nécessaires pour que les indemnisés jouissent,
pour toucher les arrérages de leurs rentes dans les départemens de leur résidence, des mêmes facilités qui sont accordées aux autres propriétaires de rentes.

55. — La Commission de liquidation, toutes les sections
réunies, examinera les avis donnés par le préfet en conseil de
préfecture, sur la lésion éprouvée par les ayans-droit à l'indemnité. Lorsque le résultat des liquidations sera connu,
elle vérifiera à quelle somme s'élèvent les fonds restés dispo-
nibles sur les 30 millions de rente. Et afin de nous préparer

-lés moyens de réparer les inégalités résultantes des bases
-fixées par l'art. 2 de la loi, elle nous présentera, avec un rapport sur ses travaux, un tableau indiquant la situation relative de tous les individus qui ont participé à l'indemnité.

TITRE VII.

*Des créanciers, et des biens affectés provisoirement
aux hospices et autres établissemens de bienfaisance.*

56. — Les oppositions qui seraient formées à la délivrance
des inscriptions de rente par les créanciers porteurs de titres
antérieurs à la confiscation, non liquidés ni payés, et qui ne
doivent avoir d'effet que pour le capital des créances, seront,
dans tous les cas, signifiées, à Paris, au Ministère des finances
(bureau des oppositions).

Ces oppositions, et celles que pourraient former des créanciers porteurs de titres postérieurs à la confiscation, seront
faites dans les formes prescrites par les lois des 19 février
1793 et 30 mai 1793, et par le décret du 18 août 1807.

58. — A l'égard des biens-fonds qui n'ont été que provisoirement affectés aux hospices et autres établissemens de
bienfaisance, et qui, aux termes de l'art. 8 de la loi du 5 décembre 1814, doivent être restitués après que ces établissemens auront reçu un remplacement de dotation égal à la valeur de ces biens ; si les anciens propriétaires ou leurs représentans veulent rentrer en possession desdits biens, moyennant la remise à l'établissement détenteur, d'une inscription
de rentes 3 pour 100 dont le capital sera égal au montant de
l'estimation due aux réclamans, à titre d'indemnité,

L'ancien propriétaire ou ses représentans feront connaître au préfet de la situation des biens, aussitôt après la liquidation de leur indemnité, l'intention où ils sont de rentrer en possession desdits biens, dont ils indiqueront la nature et le détenteur actuel; ils produiront en même temps la décision de la Commission sur l'indemnité liquidée à leur profit.

58. — Communication de leur réclamation sera donnée à l'Administration de l'établissement détenteur, laquelle vérifiera si elle possède à titre provisoire, et dans ce cas prendra, une délibération conforme aux intentions du réclamant, et la transmettra au préfet, avec une copie duement certifiée de l'acte de concession provisoire.

Après examen des pièces à lui adressées, le préfet prendra, sauf l'approbation du Ministre de l'intérieur, un arrêté à l'effet d'ordonner la remise des biens-fonds aux ayans-droit, mais sous la réserve qu'elle ne sera effectuée que lorsque l'hospice aura reçu l'inscription de la rente qui lui est attribuée.

59. — En cas de contestation sur le titre , et si l'Administration de l'établissement prétend ne pas jouir à titre provisoire, la contestation sera portée devant le Ministre de l'intérieur, sauf le recours devant Nous, en notre Conseil d'Etat.

60. — Les préfets feront imprimer la présente ordonnance au recueil des actes administratifs; et ils y joindront le tableau de dépréciation des assignats et des mandats, qui a été dressé dans chaque département, en exécution de la loi du 23 juin 1797 (5 messidor an 5).

61. — Conformément à la loi du 26 frimaire an 8, relative aux actes à produire pour la liquidation de la dette publique, les actes sous seing-privé, tendant uniquement à la liquidation de l'indemnité, et en tant qu'ils serviront aux opérations de la liquidation, sont dispensés de la formalité du timbre et de l'enregistrement.

Les actes des Administrations et ceux de la Commission de liquidation sont dispensés des mêmes formalités.

62. — Conformément à l'art. 9 de la loi du 17 floréal an 7, relative au paiement de la dette publique, l'indemnité sera liquidée en francs, c'est-à-dire un franc par livre, sans modification ni réduction.

63. — Notre ministre secrétaire d'Etat des finances est chargé de l'exécution de la présente ordonnance, qui sera insérée au Bulletin des Lois.

Donné à Paris, au château des Tuileries, le 1er. jour du mois de mai, de l'an de grâce 1825, et de notre règne le premier.

CHARLES.

Par le Roi,

Le Ministre Secrétaire d'Etat des Finances,

Jh. DE VILLÈLE.

(Voyez ci-après l'Ordonnance d'organisation de la Commission.)

PRINCIPAUX POINTS A REMARQUER.

Les dispositions de l'Ordonnance ci-dessus se rapportent à deux principaux objets :

1°. Ce qui est à faire par l'Administration ;

2°. Ce qui est à faire par les Particuliers.

Conformément au but unique de notre Instruction, nous ne nous occuperons que de ce qui concerne les personnes appelées à l'indemnité ; nous allons leur retracer, de la manière la plus simple et la plus claire, les formalités et diligences qu'elles ont à remplir pour arriver plutôt au terme de leur liquidation.

§. Iᵉʳ. — PÉTITION AU PRÉFET, *par l'ancien Propriétaire dépouillé.*

Elle doit singulièrement contenir :

1". Ses noms, prénoms et qualités ;

2°. Election d'un domicile dans le département ; et, autant que possible, dans la ville chef-lieu de la préfecture ;

3°. La déclaration que le réclamant n'est pas rentré en la possession des biens-fonds vendus sur lui.

Il devra y joindre notamment :

1°. Son *acte de naissance* en due forme ;

2°. Un acte de notoriété, constatant son identité, lequel acte devra être signé de cinq témoins notables, et dressé par le juge de paix de son domicile, ou de la situation des biens vendus. (Art. 7.)

§. II. — PÉTITION *pour des* HÉRITIERS, *ou autres Représentans de l'ancien Propriétaire.*

Elle devra contenir également leurs noms, prénoms et qualités ; une élection de domicile spécial dans le département ; plus, les noms de l'individu ou des individus sur lesquels les biens ont été vendus,

Ces *héritiers* devront *produire :*

1°. La preuve du décès de l'ancien propriétaire;

2°. L'acte de naissance de chacun d'eux,

Plus, les actes nécessaires pour établir leurs droits à lui succéder dans le bénéfice de l'indemnité;

Plus, si c'est un héritier qui entend se prévaloir d'une *renonciation* de son co-héritier ou autre, l'acte de cette renonciation. (Art. 8.)

§. III. — Veuves *ou* Filles *d'émigrés.*

Si c'est *une veuve d'émigré, remariée à un étranger,* ou *une fille d'émigré,* pareillement devenue étrangère par mariage, elle devra produire, outre les pièces ci-dessus, une copie ou des extraits en bonne forme des actes constatant le mariage, et que ce mariage a eu lieu avant le 1er. avril 1814. (Art. 9.)

De même, pour les *enfans* nés de ces Françaises devenues étrangères, et dont les pères auraient joui, pendant un certain temps, de la qualité de Français ; ils devront joindre à leur demande, outre les différens actes ci-dessus désignés, l'acte de mariage de leur mère, et les pièces nécessaires pour justifier que leur père avait été Français avant de devenir étranger. (Art. 10.)

§. IV. — Ascendant *d'émigré, qui a racheté.*

Outre les énonciations diverses ci-dessus indi-

(89)

quées, sa pétition devra donner les noms du fils sur
lequel la confiscation fut opérée, et déclarer le rachat qui fut par lui effectué. (Art. 11, al. 1.)

En cas de décès de cet ascendant, celui ou ceux
de ses héritiers qui auront supporté la perte de ce
rachat, devront en faire la déclaration dans leur demande, et en justifier par pièces. (*Ib.* al. 2.)

§. V. — LÉGITIMAIRES *en biens-fonds, dont la part
a été touchée par le fisc.*

Eux ou leurs représentans devront indiquer dans
leur demande les biens-fonds sur lesquels ils avaient
une part, les noms de l'héritier principal qui a racheté cette part, et justifier du tout par titres (Article 12.)

§. VI. — ANCIEN PROPRIÉTAIRE, *qui a racheté.*

Sa pétition, outre les énonciations ci-dessus
prescrites, devra préciser la circonstance du rachat
effectué, soit par lui-même, soit par personnes
interposées; et, dans ce dernier cas, déclarer les
noms de ces personnes. (Art. 13.)

Même obligation, pour ses héritiers et représentans.

S'il a racheté à des tiers, cette circonstance devra
être également précisée, et surtout celle des sommes
ou valeurs par lui payées à ces tiers. (Art. 14.)

Mêmes choses à mentionner par ses héritiers.

Et, dans ces cas, outre les titres justificatifs des qualités, on devra joindre à la pétition, copie du titre d'acquisition, les actes de cession ou rétrocession; ou, en cas d'impossibilité, tout ce qui pourra les suppléer. (Articles 14 et 15.)

§. V. — CONTREDITS *et Observations sur le Bordereau d'indemnité.*

Conformément à l'art. 8 de la loi, l'Ordonnance répète, qu'après la confection du bordereau par le Directeur des domaines, celui-ci le remettra en double expédition au Préfet, lequel en donnera une copie aux réclamans, *au domicile par eux élu* dans le département, ainsi que de l'état des *dettes* mentionnées au bordereau, afin qu'ils aient à lui présenter leurs *mémoires* et *observations*. (Articles 33, 34.)

L'Ordonnance ajoute, de plus, qu'outre ces contredits sur le bordereau, les parties pourront joindre à leur mémoire, *des observations distinctes et séparées*, sur la *lésion* qui pourrait résulter pour elles, de l'application rigoureuse des dispositions de la loi quant aux bases de l'indemnité. (34, al. 2.)

L'Ordonnance ajoute encore, en plus, à l'avantage des parties, que si elles demandent *communication* des pièces qui auront servi à la formation du bordereau, elle leur sera donnée *sans déplacement,* par les fonctionnaires qui en seront dépositaires. (32.)

§. VI. — AVIS DU PRÉFET *en Conseil de Préfecture.*

La loi ne dénommait que *le Préfet* seulement, pour donner *un avis motivé*, qui portera, tant sur les droits et qualités des réclamans, que sur les énonciations du bordereau, et les observations des parties. (Art. 8.)

L'Ordonnance contient de plus, que cet avis sera donné par le Préfet *en Conseil de préfecture :* addition qui est certainement une amélioration, une plus grande garantie d'équité et d'impartialité. (Article 35.)

L'Ordonnance ajoute encore, qu'il sera procédé à cet avis, en Conseil de préfecture, *aussitôt après* que les observations ou mémoires que les réclamans auraient à présenter, *seront parvenus au Préfet.* (35.) Mais, dans quel délai les parties seront-elles tenues de faire parvenir au Préfet leurs observations, passé lequel le Conseil de préfecture ne serait plus tenu d'attendre pour émettre son avis ?....

§. VII. — COMMUNICATION *aux Parties.*

L'ordonnance exprime seulement que, *dans les*

huit jours de la date, *l'Avis* du Conseil de préfecture devra être communiqué aux Parties, par une
ampliation ou copie certifiée de cet avis, envoyée
au domicile indiqué dans leur demande.

§. VIII. — OBSERVATIONS *des Parties sur l'Avis préfectural.*

L'art. 8 de la loi qui autorise ces observations,
semblait dire que c'est au Préfet qu'elles doivent être
remises.

Il y a encore ici une amélioration, en ce que l'Ordonnance porte, au contraire, que « *les observations*
» que les réclamans pourraient avoir à présenter
» contre l'avis du Conseil de préfecture, *devront être*
» *adressées directement à notre Ministre secrétaire*
» *d'Etat des finances.* » (Art. 38, al. 3.)

Dans quel délai? — L'Ordonnance exprime seulement, que l'*avis* sera adressé, dans les huit jours de
sa date, par le Préfet, au Ministre, avec toutes les
pièces à l'appui; « ensemble les *mémoires* et *obser-*
» *vations* des réclamans, concernant les *résultats du*
» *bordereau.* » (Art. 88, al. 1.)

L'art. 40 ajoute, par disposition nouvelle, qu'a-
vant de transmettre le tout à la Commission de liquidation, le Ministre communiquera à l'Administration des Domaines, les bordereaux, ainsi que les *mé-*

*moires ou observations que lui adresseraient les ré-
clamans (1).*

---

(1) UN ARRÊTÉ de S. Ex. le Ministre des Finances, *du 13
avril 1824,* rendu sur l'avis des Comités réunis de législation
et du contentieux du Conseil d'Etat, est ainsi conçu :

« En matière contentieuse, les mémoires adressés au Ministère des Finances ou aux diverses Administrations qui en
dépendent, devront être signés des parties elles-mêmes, ou
par des Avocats aux Conseils du Roi et à la Cour de cassation.

» Les parties et les avocats aux conseils auront *seuls* le
droit de se présenter dans les Bureaux. »

UNE INSTRUCTION de M. le Directeur général de l'Enregistrement et des Domaines, *du 7 septembre 1824,* ordonne
aux Directeurs dans les départemens, de faire connaître l'Arrêté ci-dessus, par la voie des journaux, « *afin que le public soit prévenu,* qu'à l'avenir, l'Administration des Domaines ne donnera aucune suite aux mémoires sur les affaires
contentieuses, qui ne seraient pas revêtus de la signature des
parties elles-mêmes ou de l'un des Avocats aux Conseils du
Roi ;

» Et que l'entrée des bureaux pour la poursuite des affaires
de cette nature, sera interdite aux agens d'affaires. »

~~~~~~

AVIS ET SOLUTIONS

SUR DES CAS PARTICULIERS.

----

§. Ier.

VEUVE *Donataire de son défunt Mari, en concours*
avec un beau-frère.

M. le comte *de Berville* (1), émigré, est décédé en
1800, à Inspruck, laissant deux fils, aussi émigrés.

Tous ses biens, qui étaient situés en Normandie,
furent confisqués et vendus.

Ses deux fils, rentrés en France après le sénatus-
consulte de floréal an 10, se marièrent peu de temps
après.

L'un d'eux, *Victor*, est seul vivant, avec enfans.

L'autre, *Félix*, est décédé en 1805, sans laisser
d'enfans.

Mais, par le traité même de son mariage avec demoiselle *Appoline*, en date de germinal an 11, ou

----

(1) Aux vrais noms des parties, sont substitués des noms
imaginaires.
~~~~~~

mars 1803, il lui avait fait une donation générale, au cas qu'il prémourût sans enfans, savoir, de tous ses biens *meubles*, en toute *propriété*; et de ses *immeubles*, en *usufruit* seulement.

En cet état des choses, on demande, si la veuve de *Félix* est en droit de prétendre au bénéfice de l'indemnité, concurremment avec son beau-frère? Dans quelle proportion? En propriété, ou en usufruit?

D'APRÈS le systême de successibilité adopté par la loi du 27 avril dernier, il est indubitable que si la donation est en bonne forme, la veuve *Félix* a droit de prétendre, concurremment avec son beau-frère *Victor*, au bénéfice de l'indemnité afférente à la succession du feu comte *de Berville*.

D'après ce systême, en effet, il faut faire abstraction de la confiscation; supposer qu'au jour de son décès, M. le comte de Berville était encore investi de tous les immeubles qu'il avait laissés en France; qu'il les a transmis, dès l'instant de son décès, à ses deux fils, dans la proportion où ceux-ci les auraient recueillis, d'après les lois de successibilité existantes alors.

Il faut supposer qu'au moment où *Félix* s'est marié, il était en possession de la part des immeubles paternels dont il aurait été saisi réellement sans l'obstacle de la confiscation.

En cet état de choses, il dit à son épouse : « Au cas que je décède avant vous, et sans laisser d'enfans vivans, je vous donne tous mes biens *meubles*, sans exception, en toute propriété et jouissance. — Je vous donne de plus, *l'usufruit* de tous les biens *immeubles, qui m'appartiendront au jour de mon décès, à quelque titre que ce soit, en l'état où ils se trouveront: pour en jouir*, en usufruit seulement, *jusqu'au jour de votre décès.* » (Tels sont les termes de l'acte.

Le mari vient à mourir ensuite, avant son épouse qui lui survit encore en ce moment, et sans avoir laissé d'enfans nés de ce mariage.

Nul doute que cette donation aurait compris l'usufruit réel des immeubles paternels qui auraient été en la possession de M. Félix de Berville, au jour de son décès, sans l'événement de la confiscation.

Or, il y a même raison de décider, que cette donation donne à la veuve le droit de réclamer l'usufruit de la part d'indemnité, correspondante à la part de succession immobilière, dont M. Félix de Berville doit être censé avoir été en possession au jour de son décès; puisque, dans le système de la loi, cette indemnité sera la représentation des fonds vendus, une sorte de fonds nouveaux substitués à ceux qui ont disparu, qui demeureront passibles des mêmes hypothèques et droits hypothécaires dont étaient grevés les biens envahis par la Révolution.

Nous avons raisonné jusqu'ici dans l'hypothèse

d'une donation régulière et valable. Un autre point se présente à examiner.

La donation faite par M. Félix de Berville à son épouse, est-elle en forme régulière, et doit-elle produire effet?

Cette donation est faite par le pacte même de mariage; et ce pacte, en date du 15 germinal an 11, ou 5 avril 1803, n'a pas été contracté par acte notarié, mais par un simple acte *privé*, souscrit par les deux futurs époux et plusieurs de leurs parens, puis, simplement déposé en thermidor suivant, en l'étude d'un notaire, après avoir été enregistré.

De-là, question de savoir, si cette donation ne peut pas être contestée et soutenue nulle, d'après les dispositions de l'ancienne ordonnance, et d'après celles du Code civil sur les donations?

Non; cette difficulté ne serait pas fondée.

D'abord, quant à la forme des *contrats de mariage*, avant le Code civil, plusieurs réglemens avaient bien prescrit qu'ils fussent rédigés par acte devant notaire.

Cependant, l'usage s'était maintenu en Normandie, de les rédiger simplement par actes sous signatures privées; et la validité de ces contrats, antérieurs au Code civil, a été consacrée par nombre d'arrêts.

Quant aux *donations*, l'ordonnance de 1731 avait bien prescrit, art. 1er., que tous actes portant donation *entre-vifs* seraient passés devant notaires,

7

à peine de nullité ; et, art. 2, que toutes donations *à cause de mort* ne pourraient être faites que par testamens ou codicilles ; mais ce dernier article même contenait exception pour les donations *à cause de mort*, qui seraient faites *par contrats de mariage*.

Or, on entendait par donations *à cause de mort*, celles qui ne devaient avoir effet *qu'après la mort du donateur* ; celles par lesquelles le donateur ne se dépouillait encore de rien, tant qu'il vivait.

D'après cette distinction, les Cours de Normandie, ainsi que la Cour de cassation, ont souvent jugé que jusqu'au code civil (qui exige absolument un acte notarié pour les contrats de mariage), les donations contenues en des pactes de mariage faits en Normandie par simples écritures privées, devaient avoir effet ; lorsque les termes de ces actes n'offrent que des *gains de survie*, ou avantages qui doivent ne se réaliser qu'après la mort du disposant. Il y en a plusieurs arrêts.

Revenant au pacte de mariage dont il s'agit, il est aisé de se convaincre que la disposition qu'il contient, de la part de M. Félix de Berville, en faveur de la dame son épouse au cas qu'elle lui survive sans enfans, ne renferme qu'une donation *à cause de mort*, puisqu'elle est purement éventuelle, et qu'il ne se dessaisit de rien, de son vivant.

Il est bien vrai que le pacte de mariage dont il s'agit est très-voisin de l'époque de la publication du titre du code civil sur le contrat de mariage ; mais toujours est-il certain qu'il lui est antérieur.

Ainsi, on tenterait vainement d'en constater la validité, quant à sa forme.

Dans ces circonstances, notre avis est que M. le marquis de Berville ne doit faire aucune difficulté d'admettre la veuve de feu son frère au partage de l'indemnité ; mais pour l'usufruit seulement de la moitié de cette indemnité, puisqu'elle n'avait droit qu'à l'usufruit des immeubles de son mari.

Il ne peut plus être question *de droit d'aînesse* pour M. Victor de Berville ; ce décret avait été aboli, dès 1791, par les lois de l'Assemblée constituante.

M. de Berville père, décédé à Inspruck, en 1800, est censé décédé en France même, sous l'empire de la loi qui régissait alors les successions. Cette loi était le fameux décret de la Convention, *du 17 nivose an* 2 (ou 6 janvier 1794), lequel commandait une égalité parfaite entre enfans d'un même père (art. 64), égalité maintenue par le Code civil. (Article 745.)

Une dernière remarque à faire sur le cas particulier dont il s'agit, c'est que par l'art. 422 de la Coutume de Normandie, ainsi que dans beaucoup d'autres Coutumes, il était interdit au mari de rien donner à sa femme, entre-vifs ou à cause de mort.

Mais toutes ces prohibitions relatives aux époux avaient été abolies par la fameuse loi du 17 nivose an 2 (6 janvier 1794), qui, au contraire, leur permit de se donner tout ce qu'il leur plairait, quand ils n'auraient pas d'enfans (art. 13 et 14).

Quant à la forme des donations et testamens, rien ne fut changé.

§. 11.

Influence de la Loi du 27 avril 1825, sur celle du 5 décembre 1814.

Feu M. le marquis *d'Harfleur* est décédé en émigration, le 20 mai 1793, et sans postérité.

Il possédait, à Paris, l'hôtel qu'il habitait, deux autres maisons, et une terre considérable en Normandie, département de *l'Eure*.

Ses plus proches parens étaient également émigrés.

Quelques-uns rentrèrent après le sénatus-consulte de floréal an 10, et obtinrent la remise de quelques biens non vendus.

D'autres ne rentrèrent qu'après la Restauration; et, en vertu de la loi du 5 décembre 1814, plusieurs parties de bois assez considérables leur furent rendues.

Une ferme importante du département de l'Eure avait été affectée à un hospice.

D'après l'interprétation donnée à la loi du 5 décembre 1814, les collatéraux les plus prochains de feu M. d'Harfleur, au jour de cette loi, se considérèrent comme les seuls appelés à recueillir le bénéfice des biens rendus, et s'en partagèrent les produits; sans cependant avoir fait entr'eux aucun partage des fonds.

Aujourd'hui, voici une loi nouvelle, qui admet les anciens propriétaires, ou leurs héritiers, à réclamer une indemnité pour raison des biens vendus, et qui statue que les seuls parens habiles à recueillir cette indemnité comme héritiers, seront ceux qui se trouvaient habiles à succéder à l'ancien propriétaire à l'époque de son décès.

De la discussion de cette loi, il résulte, de plus : que l'on a critiqué fortement dans la Chambre des Députés l'interprétation qui avait été donnée à la loi du 5 décembre 1814; qu'elle a été taxée d'erreur, d'avoir mal saisi le véritable esprit de la loi du 5 décembre 1814; et que cette opinion a prévalu dans les deux Chambres, par l'adoption d'un système co

Dans cet état des choses, on demande :

1°. Quels sont les parens qui ont droit à réclamer l'indemnité des biens vendus sur feu M. le marquis *d'Harfleur*, tant à Paris qu'en Normandie ?

2º. Si le partage provisoire qui a eu lieu jusqu'ici, pour la jouissance des revenus des biens remis en nature par la loi de 1814, entre les parens les plus proches au jour de cette loi, doit demeurer définitif?

3º. Si l'on peut réclamer la ferme attribuée à l'hospice du département de l'Eure? et quels parens ont droit de la revendiquer?

D'ABORD, pour connaître quels parens sont appelés à recueillir l'indemnité des biens vendus, nul doute qu'il ne faut rechercher que ceux qui se trouvaient les héritiers naturels de feu M. d'Harfleur au jour de son décès; et que, pour discerner ces héritiers, il ne faut consulter que les lois ou coutumes en vigueur à cette époque.

Pour savoir quels sont ces héritiers, il faut aussi faire attention à la nature, à l'origine et à la situation des biens; car, en matière de succession, les biens-fonds étaient gouvernés par la Coutume de leur situation, et non pas toujours par celle du domicile du défunt.

De plus, ces coutumes faisaient une grande différence, entre les immeubles qu'elles appelaient *propres* ou *anciens*, et ceux qu'elles appelaient *acquêts :* elles en réglaient différemment la dévolution.

L'indemnité due pour raison des *maisons de Pa-*

ris. sera transmise conformément aux dispositions de la *coutume de Paris;*

L'indemnité due pour raison des *biens de Normandie* appartiendra à ceux qui, au jour du décès, auraient eu droit de recueillir ces biens, d'après la *Coutume Normande.*

Or, suivant la coutume de Paris, articles 325 et 326, quand un défunt sans enfans délaisse tout à la fois des immeubles qui lui sont *propres*, c'est-à-dire provenant de ses auteurs, et des immeubles *acquêts*, c'est-à-dire acquis par lui-même; les acquêts vont à ses collatéraux les plus prochains de sa personne au jour de son décès; et les *propres* vont à celui ou ceux qui sont les plus proches *du côté et ligne*, c'est-à-dire de l'auteur qui a mis l'immeuble dans la famille, encore bien que le parent le plus proche du côté et ligne, ne soit pas le plus prochain de la personne du défunt.

Pour savoir quels parens ont droit à l'indemnité des biens de *Paris*, il faudra donc rechercher d'abord, si ces biens étaient des *propres* ou des *acquêts*, et conclure d'après les distinctions ci-dessus.

De même pour l'indemnité des *biens de Normandie.*

Suivant la coutume de cette province, art. 304, les *acquêts* allaient aux collatéraux les plus prochains, ainsi que dans la coutume de Paris; le plus proche du défunt au jour de son décès, excluant ceux d'un degré plus éloigné.

Mais il en était autrement pour les *propres*.

Suivant un article des *Placités* de 1666, formant supplément à la Coutume : — « En succession de
» *propres*, représentation a lieu jusqu'au septième
» degré ; auquel cas, la succession est partagée *par*
» *souches*, et non *par têtes* ; même en ligne *colla-*
» *térale*, soit que les héritiers soient en pareil ou
» inégal degré. »

Pour savoir quels sont les ayans-droit à l'indemnité des biens normands, il faudra donc consulter les titres, vérifier s'ils étaient *propres*, ou s'ils étaient *acquêts*, dans les mains du dernier propriétaire sur lequel ils ont été confisqués.

S'ils étaient *acquêts*, le parent le plus proche du défunt au jour du décès, aura droit à cette indemnité.

S'ils étaient plusieurs au même degré de proximité, ils partageront par têtes et par portions égales.

Mais si ces biens normands étaient des *propres*, la représentation aura lieu, et l'indemnité sera partagée *par souches*.

EXAMINONS maintenant la question relative aux *biens rendus en nature* par la loi du 5 décembre 1814.

Pour régler l'application de ces biens, et leur partage définitif, suivra-t-on la jurisprudence qui s'était établie sur la manière d'entendre cette loi de 1814; ou plutôt ne devra-t-on pas se conformer au système de successibilité adopté par la loi du 27 avril dernier 1825 ?

L'intérêt de cette question naît sans doute, pour les consultans, de ce que, s'il faut revenir au système adopté par la loi nouvelle, il s'ensuivra que quelques-uns des parens actuellement en jouissance seront exclus, ou réduits à des parts inférieures.

Mais ce n'est pas cette considération qui doit toucher le jurisconsulte. Il ne doit être guidé, dans ses réponses, que par une seule règle : savoir, celle qu'il croit, dans le fond de sa conscience, résulter de la loi et des principes ; et, alors que la lettre de la loi n'est pas claire, ce qu'il croit avoir été dans l'intention du législateur.

Or, la loi de décembre 1814 ne disait autre chose, si ce n'est que les biens qui avaient été confisqués pour cause d'émigration, et qui, n'ayant pas été vendus, *faisaient encore partie du domaine de l'État, seraient rendus en nature à ceux qui en étaient propriétaires*, A LEURS HÉRITIERS, *ou ayans-cause*.

Mais le préambule de cette loi, et la discussion, dont elle avait été environnée, faisaient suffisamment connaître que l'intention du législateur avait été de venir au secours des familles spoliées par la Révolution, de procurer un soulagement provisoire aux membres restans de ces familles mutilées, et non d'enrichir des étrangers.

Le préambule et la discussion ne permettaient pas de douter que c'était seulement en faveur des proscrits, ou de leurs parens les plus prochains, que l'Etat consentait à se dessaisir de biens qui faisaient alors partie intégrante de son domaine, et non en faveur d'individus étrangers à la famille; qui, dans un temps où il n'y avait encore nul espoir de remise des confiscations, auraient obtenu du proscrit lui-même, ou de ses enfans, des dispositions testamentaires, des dons indéfinis, des cessions de droits successifs.

Dans cette disposition des esprits, un débat, devenu célèbre, s'éleva entre les collatéraux d'un émigré décédé en émigration, et un individu auquel la fille de cet émigré avait fait un legs universel.

Chargé de la défense des parens, contre le légataire, je parvins à faire triompher leur cause devant la Cour de cassation; et c'est l'arrêt de cette cour suprême qui a donné l'impulsion à la jurisprudence adoptée ensuite par le plus grand nombre des cours et tribunaux, en faveur des parens qui se trouvaient les plus prochains du défunt, au jour de la loi de remise; à l'effet d'écarter tous étrangers, porteurs de testamens ou actes de cessions, antérieurs à cette loi.

Ce système avait certainement pour lui de puissans

argumens, un grand fonds d'équité, un but de justice très-louable.

Il était d'ailleurs conforme à ce qui s'était souvent
pratiqué dans l'ancienne monarchie : lorsqu'après
une réunion au Domaine, plus ou moins longue, le
Roi se déterminait à faire la remise de biens
confisqués, c'était à la veuve et aux enfans du condamné, que cette remise était toujours faite ; ou bien,
à leur défaut, aux parens qui représentaient de plus
près l'individu qui avait été frappé de confiscation.

Ce système enfin était tellement juste, tellement
raisonnable, que c'est celui que le Gouvernement
proposait de continuer pour l'application de l'indemnité des biens vendus.

Mais d'autres idées ont prévalu dans la Chambre
des Députés.

« S'il est vrai, a-t-on dit, qu'il s'agisse d'une restitution de justice, s'il est vrai que la confiscation
exercée contre les émigrés n'ait été qu'un acte de ty-
rannie, qu'un acte de vol et de brigandage, il faut
tenir que l'ancien propriétaire n'a jamais été légalement dépossédé ; que son droit à l'immeuble vendu
n'a jamais cessé d'exister ; et qu'il a transmis ce
droit, du jour même de son décès, à ceux de ses parens qui étaient habiles à lui succéder, d'après les
lois existantes à la même époque.

» La jurisprudence de la Cour de cassation et de
quelques autres Cours ne doit être ici d'aucune in-

fluence. Ces Cours se sont trompées; elles ont considéré comme un *acte de libéralité*, de la part de l'Etat, ce qui n'était qu'une juste restitution, qu'un acte de justice rigoureusement obligée.

« *C'est à vous*, disait notamment *M. Pardessus* » à la Chambre des Députés, qu'il appartient de dé-» clarer *le véritable esprit, le véritable but de la loi* » *du 5 décembre 1811, dont celle qui vous est pro-* » *posée n'est que le complément.* Ce n'est point au » législateur à se conformer à la jurisprudence; » c'est la jurisprudence qui doit se conformer aux » lois.... »

Vainement, devant la Chambre des Pairs, le noble Rapporteur de la Commission, *M. Portalis*, essaya-t-il de ramener cette Chambre haute à la proposition du Gouvernement.

« Suivant le projet, disait-il, la loi ne pourvoyait pas seulement à la réparation des droits de la propriété violée; *elle reconstituait la dotation des familles;* elle remontait vers le grand principe de l'utilité publique qui domine toute la matière; et elle abandonnait à la loi vivante et actuelle, le soin de régler toutes les successions des anciens propriétaires. Enfin, elle déclarait héritiers de l'indemnité, *les héritiers du sang;* tous plus ou moins atteints par la proscription de leur auteur.

» Il faut l'avouer, continue le noble Rapporteur,

cette manière d'envisager les choses aurait paru préférable à votre Commission.

» Elle avait l'avantage de tout simplifier. Elle était conforme à tout ce qui s'était passé jusqu'ici.

» Elle n'introduisait pas dans la loi proposée, deux principes différens, qui, s'ils peuvent co-exister sans s'entre-détruire, en rendent l'intelligence difficile.

» On évitait des erreurs fréquentes, de la part de ceux qui en réclameraient l'application ; des discussions dangereuses, des prétentions mal fondées ; et peut-être des jurisprudences opposées et contradictoires ...... »

Nonobstant ces sages réflexions et d'autres encore, la majorité de la Chambre haute s'est prononcée pour l'adoption de l'amendement proposé par celle des Députés, d'après lequel, en cas de mort de l'ancien propriétaire, les ayans-droit à recueillir l'indemnité en son lieu et place, sont les individus Français, *appelés par la loi, ou par sa volonté, à le représenter à l'époque de son décès.*

Et, il n'est pas possible d'en douter, d'après le passage de *M. Pardessus,* ci-dessus transcrit. Cette disposition claire et précise a eu pour objet de régler, non pas seulement l'application de l'indemnité nouvellement accordée, mais aussi celle des biens précédemment remis. Elle a eu pour objet, non pas d'introduire un droit nouveau, non pas de déroger à la loi du 5 décembre 1814, mais de ramener cette loi à une exécution conforme à son véritable sens, à son véritable esprit.

De là, l'opinion que nous avons déjà émise, que quant aux biens-fonds remis en nature par la loi de 1814, à l'égard desquel il n'y aura pas eu de partage définitif, ni de jugemens passés en force de close jugée, il y aura lieu de leur appliquer la règle de dévolution établie par l'art. 7 de la loi du 27 avril dernier.

Cependant, on pourra dire aussi, que les deux lois ont été faites dans des temps et dans un esprit tout différens; que l'opinion qui a dominé dans a session de 1825, ne fut pas celle de la législature de 1814; qu'en 1814, on regarda comme réellement et définitivement acquis à l'Etat, les domaines provenus de confiscations, et dont il était alors en possession; tandis qu'en 1825, on les a regardés comme n'ayant jamais cessé d'appartenir aux anciens propriétaires; qu'il ne faut donc pas transporter aux biens remis en nature par la loi de 1814, une disposition qui n'a été faite que pour l'indemnité nouvellement accordée.

Quelque vraie en fait que puisse être cette réflexion, nous avons peine à croire que si la difficulté en était élevée, que si quelqu'un entreprenait aujourd'hui de soutenir encore que les biens remis par la loi de 1814, doivent continuer d'être appliqués aux seuls parens successibles au jour de cette loi, et non à ceux qui l'étaient au jour du décès de l'émigré, il pût parvenir à faire accueillir cette prétention par les tribunaux.

Il est à présumer, au contraire, que tous les juges, ou du moins le plus grand nombre, s'accorderont à regarder la loi dernière comme contenant la véritable interprétation de celle de 1814, et à juger conformément à l'art. 7 de la loi du 27 avril 1825.

Ne répugnerait-il pas à tous les esprits, qu'il y eût deux législations diverses, deux ordres de succéder différens, relativement à des biens confisqués pour même cause, restitués au même titre, par les mêmes motifs ; avec cette unique différence, que les uns sont remis en nature, que les autres le sont par un capital constitué qui en est la représentation.

RESTE la troisième question, relative à la *ferme affectée à l'hospice* de....

La loi du 5 décembre 1814 portait, art. 8, que les biens d'émigrés qui avaient été *définitivement* affectés à des hospices, en remplacement de leurs biens aliénés, leur resteraient ; mais que ceux qui n'avaient été que *provisoirement* affectés, pourraient être réclamés par les anciens propriétaires ou leurs héritiers, lorsque, par des mesures législatives, ces établissemens auraient reçu un accroissement de dotation, égal à la valeur des biens à eux provisoirement attribués.

Or, la loi du 27 avril dernier prononce, à l'égard de ces sortes de biens, que ceux qui ont été *définitivement* appliqués aux hospices, leur resteront définitivement ; et que les anciens propriétaires auront simplement droit à l'indemnité.

Mais que quant à ceux qui n'avaient été que *provisoirement affectés*, les anciens propriétaires ou leurs représentans *pourront en demander la remise*, aussitôt qu'ils auront transmis à l'hospice détenteur une inscription de rente 3 pour 100, dont le capital soit égal au montant de l'estimation qui leur serait due pour indemnité de ces mêmes biens.

Sur cela, on demande quels seront, dans l'espèce, les héritiers appelés, soit à exercer la reprise de la ferme en question, si elle n'a été que provisoirement affectée ; soit à répéter l'indemnité en rente, si cette ferme doit rester définitivement à l'hospice ?

D'après les explications ci-dessus données, il n'y a pas de doute qu'il ne faut considérer comme appelés à ce droit de reprise, comme à celui d'indemnité, que les parens qui auraient eu droit de recueillir la ferme elle-même, après le décès de l'ancien propriétaire, s'il n'y avait pas eu l'obstacle de la confiscation.

Et, encore une fois, pour savoir quels sont ces héritiers, il faut se reporter aux lois qui régissaient

(113)

les successions en Normandie, à l'époque de ce décès.

Rechercher si cette ferme était, dans les mains de l'ancien propriétaire, un *propre* ou un *acquêt*, et se diriger d'après les dispositions, ci-devant rappelées, des statuts normands.

Les distinctions de *propres* et d'*acquêts* n'ont été abolies qu'en 1794, par le fameux décret du 17 nivose an 2, art. 61.

Et la succession dont il s'agit fut ouverte en mai 1793.

EN RÉSULTAT, nous estimons que la loi du 27 avril 1825 doit être considérée comme régulatrice, non-seulement de l'application de l'indemnité accordée par cette loi, mais encore de la dévolution des biens remis en nature par la loi du 5 décembre 1814 ;

Que les héritiers appelés à recueillir le bénéfice des deux restitutions sont ceux qui auraient eu droit de recueillir les biens mêmes, au moment du décès de l'ancien propriétaire, d'après les lois existantes à l'époque de ce décès;

Qu'il ne doit y avoir exception à cette règle, que quand il y aura eu des *arrangemens a titre définitif et irrévocable*, ou des *jugemens passés en force de chose jugée*.

§. I I I.

Légataire universel institué au préjudice des enfans de l'ancien propriétaire.

M. le comte de C. .., qui avait laissé en France des propriétés considérables, après avoir erré, pendant plusieurs années, dans diverses contrées de l'Europe, a terminé ses jours à Brunswick, en janvier 1799.

Jusqu'à son dernier moment, il conserva un domestique, qui ne voulut jamais se séparer de lui, et qui souvent l'avait même aidé de ses propres ressources.

M. le comte de C.... était sorti de France avec deux fils ; mais, depuis plusieurs années, il n'en recevait plus de nouvelles ; l'un ayant pris du service en Russie ; l'autre en Angleterre, d'où il était passé au Canada.

Réduit à n'avoir plus d'autres moyens d'existence qu'une modique pension que lui faisait le Prince dans les Etats duquel il s'était retiré, et un chétif mobilier, il a fait, avant de mourir, un testament par lequel il déclare donner à ce fidèle serviteur *tout ce qu'il possède et tout ce qui pourra lui appartenir au jour de son décès.*

Ce domestique n'a pas tardé à suivre son maître ; il est décédé lui-même à Brusnwick en 1801, après avoir instruit ses parens de France , du petit héritage qui lui était échu.

Il paraît que le fils qui était allé en Russie, y est décédé. Il n'a plus reparu ; cependant on n'a encore pu se procurer la preuve légale de son décès.

Celui qui était au Canada , en est revenu en 1819, avec une femme et trois enfans. Il est mort à Paris , il y a quelques mois.

Il n'avait rien recouvré en vertu de la loi du 5 décembre 1814 ; tous les biens du père avaient été vendus ; mais il comptait avoir part à l'indemnité qui vient d'être accordée. Cette espérance restait à sa veuve et à ses enfans.

Mais voici les parens de l'ancien domestique mort à Brunswick en 1801, qui surviennent ; et qui, munis du testament fait en faveur de leur cousin, prétendent qu'à eux seuls appartient l'indemnité due à la succession de feu M. le comte de C....., indemnité que l'on annonce devoir s'élever à cinq ou six cent mille francs.

Quid juris ?

D'APRÈS le système adopté dans la loi du 27 avril dernier, il faut supposer que M. le comte de C...., de son vivant même, fut saisi du droit à être indemnisé de la valeur des biens-fonds que la Révolution lui a enlevés ; d'où il suit que ce droit à l'indemnité à fait partie de l'actif de sa succession ; qu'il a trans-

8 *

mis ce droit, cette créance contre l'État, soit à ses héritiers naturels, soit à son héritier testamentaire.

Mais il faut supposer aussi, que sa succession s'est ouverte sous l'empire de la loi française, qui régissait alors les successions.

Or, en 1799, époque du décès de M. le comte de C...., les successions étaient régies en France, par la fameuse *loi du* 17 *nivose an* 2 (6 janvier 1794), laquelle, art. 16, ne permettait aux pères et mères, ayant enfans ou petits-enfans, de faire des dispositions à leur préjudice, que jusqu'à concurrence du *dixième* seulement de leurs biens.

Ainsi, en supposant le testament valable, les héritiers du légataire universel de M. le comte de C...., ne peuvent prétendre au-delà du dixième de l'indemnité. Les neuf autres dixièmes appartiendront aux enfans de son fils.

Il en eût été autrement, si M. le comte de C..... était décédé sous l'empire des lois anciennes ; de la coutume de *Paris*, par exemple, laquelle ne réservait aux enfans, qu'une *légitime* bien moins forte ; savoir, la *moitié* seulement de la part héréditaire qu'aurait eue l'enfant dans la succession de son auteur, si celui-ci n'eût pas fait de dispositions (298).

Si M. le comte de C.... n'eût laissé, pour héritiers naturels, que des frères ou sœurs, neveux ou nièces, ou autres collatéraux ; ceux-ci auraient encore droit,

nonobstant le testament, à une forte part de l'indemnité : car la même loi du 17 nivose , art. 6 , ne
permettait à celui qui n'avait que des collatéraux , de
faire des dons ou legs à leur préjudice , que jusqu'à
concurrence du *sixième* de son bien.

Mais, supposez M. le comte de C..... décédé dès
1793 , sous l'empire de la coutume de Paris , et qu'il
n'eût laissé que des frères ou sœurs, neveux ou nièces : son légataire universel aurait eu droit à la *totalité* de l'indemnité applicable à ses immeubles· *acquêts* , et aux *quatre cinquièmes* de l'indemnité de
ses *propres*. Car là coutume ne réservait aux collatéraux qu'une part dans les *propres ;* et cette part
était limitée au cinquième. (Art. 291.)

Cet exemple peut donner à penser s'il n'aurait
pas mieux valu, s'il n'aurait pas été tout à la fois
plus juste et plus politique , d'adopter le projet du
Gouvernement , qui était de n'admettre à l'indemnité, que les parens qui se seraient trouvés *habiles
à représenter l'ancien propriétaire, à l'époque de
la promulgation de la loi ?*

Dans le cours de la discussion , quelques membres de la Chambre des députés ont bien émis l'opinion, que, lorsque des légataires ou donataires universels se présenteraient pour exclure les héritiers
du sang, il n'y aurait lieu de les admettre, qu'autant
que l'acte de donation ou le testament renfermerait

une clause expresse de transmission des droits éventuels sur les biens confisqués.

Mais combien cette opinion n'est-elle pas susceptible d'être contredite! Quelles disputes, quelles controverses, quel arbitraire, ne verrait-on pas jaillir d'une telle faculté d'interpréter les testamens! N'est-il pas de principe, qu'un legs universel, par sa nature même, est censé comprendre l'universalité des biens, droits et créances, qui appartiennent et peuvent appartenir au disposant, au jour de son décès, en quoi qu'ils puissent consister; même les biens et droits qu'il ignorait, sur lesquels il ne comptait point, dont il n'avait nulle idée!

En fait de legs universel, il n'y a que ce qui est formellement excepté, qui n'en fasse point partie.

Ainsi un habitant de Paris, qui avait un parent dans l'Inde, dont il était le présomptif héritier, mais dont il ignorait le décès, vient-il à mourir, après avoir institué un légataire universel : Ce légataire aura incontestablement droit à la succession ouverte dans l'Inde, si riche qu'elle puisse être; encore bien qu'elle ne soit aucunement énoncée dans le testament! encore bien que le testateur n'ait pas même songé à lui en transmettre le bénéfice!

Au surplus, il ne paraît pas qu'il ait été dans l'intention, ni de la Chambre des Députés, ni de celle des Pairs, d'admettre la distinction indiquée par quelques orateurs; puisque la rédaction adop-

(119)

.e ne l'exprime point, ni même ne la suppose
omme permise; dès-là qu'elle se contente de dire :
« *A défaut de l'ancien propriétaire, les Français*
» *appelés par la loi*, OU PAR SA VOLONTÉ, *à le*
» *représenter à l'époque du décès.* »

Il y a même quelque chose de plus : on peut voir,
dans le *Moniteur*, et autres journaux, que dans la
séance du 9 mars, la proposition ci-dessus ayant
été de nouveau discutée et mise aux voix, elle a été
définitivement rejetée.

Cet amendement, ayant été reproduit à la Chambre
des pairs par M. le marquis *de Coislin*, il a encore
été rejeté. (*Moniteur*, feuille du 21 avril.)

ORDONNANCE DU ROI,

Sur l'Organisation de la Commission de Liqui-
dation.

CHARLES, par la grâce de Dieu, Roi de France et de Navarre,

Vu la loi du 27 avril 1825; vu l'ordonnance royale du 26
août 1824, portant organisation du Conseil d'État; vu notre
ordonnance du 1er. de ce mois, et spécialement les articles 41
42 et 43; sur le rapport de notre Ministre secrétaire d'État
des finances,

Nous avons ordonné et ordonnons ce qui suit :

ART. 1er. — Sont nommés membres de la Commission chargée de la liquidation de l'indemnité due aux Français dont les biens-fonds ont été confisqués et vendus révolutionnairement :

Notre cousin le maréchal duc de Tarente, président : les sieurs marquis de Lally-Tolendal, ministre d'Etat ; comte de Vaublanc, *id.* ; comte Dupont, *id.* ; comte Beugnot, *id.* ; duc de Narbonne-Pelet, *id.* ; duc de Brissac, pair de France ; vicomte Dambray, *id.* ; comte de Laforest, *id.* ; comte d'Haubersart, *id.* ; comte de Breteuil, *id.* ; Calemart-Lafayette, député ; Dufougeray, *id.* ; Fouquier-Long, *id.* ; Ollivier, *id.* ; Maquillé, *id.*

Les sieurs de Blaire, conseiller d'Etat ; chevalier de Brevannes, *id.* ; de Vérigny, *id.* ; marquis de Saint-Géry, *id.* ; baron de Fréville, *id.* ; baron de Guilhermy, *id.* ; Henri de Longuève, *id.* ; de la Porte-Lalanne, *id.* ; Dupleix de Mézy, *id.* ; baron Camus-Dumartroy, *id.*

2. — Conformément aux dispositions de notre ordonnance du 1er. de ce mois, la Commission sera divisée en cinq Sections, composées chacune comme suit :

Première section. — Les sieurs marquis de Lally-Tolendal, président ; comte de Laforest, pair de France ; Ollivier, député ; de Vérigny, conseiller d'Etat ; baron de Guilhermy, président de la Cour des comptes.

Deuxième section. — Les sieurs comte Dupont, ministre d'Etat, président ; duc de Brissac, pair de France ; Dufougeray, député ; chevalier de Brevannes, conseiller d'Etat ; de la Porte-Lalanne, *id.*

Troisième section. — Les sieurs comte de Vaublanc, ministre d'Etat, président ; vicomte Dambray, pair de France, Fou-

quier-Long, député; marquis de Saint-Géry, conseiller d'Etat;
Henri de Longuève, *id.*

Quatrième section. — Les sieurs comte Beugnot, ministre
d'Etat, président, comte de Breteuil, pair de France; de Maquillé, député; baron de Fréville, conseiller d'Etat; Dupleix
de Mézy, *id.*

Cinquième section. — Les sieurs duc de Narbonne-Pelet,
ministre d'Etat, président; comte d'Haubersart, pair de
France; Calemard-Lafayette, député; de Blaire, conseiller
d'Etat; baron Camus-Dumartroy, *id.*

3. — L'examen des liquidations opérées dans les départemens sera réparti entre les sections suivant l'ordre de service
établi dans l'administration centrale des domaines. En conséquence,

La première section prononcera sur toutes les liquidations
opérées dans les départemens de l'Aube, d'Eure-et-Loir, de
la Marne, de la Seine, de Seine-et-Marne, de Seine-et-Oise,
de l'Yonne, d'Indre-et-Loire, de Loir-et-Cher, du Loiret,
du Cher, de l'Indre et de la Nièvre;

La seconde, sur les liquidations des départemens de l'Aisne,
de l'Oise, de la Somme, de l'Eure, de la Seine-Inférieure,
du Calvados, de la Manche, de l'Orne, de Maine-et-Loire,
de la Mayenne, de la Sarthe, des Côtes-du-Nord, du Finistère,
d'Ille-et-Vilaine, de la Loire-Inférieure et du Morbihan;

La troisième, sur les liquidations des départemens de la
Charente-Inférieure, des Deux-Sèvres, de la Vendée, de la
Vienne, de la Charente, de la Dordogne, de la Gironde, du
Gers, du Lot, de Lot-et-Garonne, des Landes, des Basses-
Pyrénées, des Hautes-Pyrénées, de l'Arriège, de la Haute-
Garonne, du Tarn, de Tarn-et-Garonne, de l'Aude, de
l'Aveyron, de l'Hérault et des Pyrénées-Orientales;

La quatrième, sur les liquidations des départemens de la

Côte-d'Or, de la Haute-Marne, de Saône-et-Loire, du Doubs, du Jura, de la Haute-Saône, de la Meurthe, de la Meuse, des Vosges, des Ardennes, de la Moselle, du Bas-Rhin, du Haut-Rhin, du Nord et du Pas-de-Calais.

La cinquième, sur les liquidations des départemens de la Corrèze, de la Creuse, de la Haute-Vienne, de l'Allier, du Cantal, de la Haute-Loire, du Puy-de-Dôme, de l'Ain, de la Loire, du Rhône, des Hautes-Alpes, de la Drôme, de l'Isère, de l'Ardèche, du Gard, de la Lozère, de Vaucluse, des Basses-Alpes, des Bouches-du-Rhône, du Var et de la Corse.

4. — Les dispositions contenues au précédent article, ne feront pas obstacle à ce que les bordereaux formés au nom d'un même ayant-droit dans plusieurs départemens, qui sont attribués à diverses sections, ne soient compris dans une seule liquidation.

Dans ce cas, ils seront soumis à celle des sections, qui, à raison de la situation des biens-fonds donnant ouverture à l'indemnité, était appelée à connaître de la plus forte réclamation.

5. — Les membres de la commission composant le service ordinaire de notre Conseil d'Etat, s'abstiendront de prendre part aux délibérations du Conseil d'Etat dans les affaires où ils auront déjà émis une opinion en leur qualité de membres de la Commission.

Les maîtres des requêtes ne pourront également être nommés rapporteurs auprès du Conseil d'Etat dans les affaires dont ils auront connu devant la Commission de liquidation.

6. — Le sieur vicomte Harmand d'Abancourt, membre de la Chambre des Députés, maître des requêtes en notre Conseil d'Etat, est nommé secrétaire général de la Commission de liquidation.

Les secrétaires-adjoints seront nommés par notre Ministre des Finances.

7. — Notre Ministre-secrétaire-d'Etat des finances est chargé de l'exécution de la présente ordonnance, qui sera insérée au Bulletin des lois.

Donné à Paris, en notre château des Tuileries, le 8e. jour du mois de mai de l'an de grâce 1825, et de notre règne le premier.

CHARLES.

Par le Roi :

Le Ministre-secrétaire-d'Etat des Finances,
Jh. DE VILLÈLE.

EXTRAIT DU MONITEUR.

(Feuille du Samedi 7 Mai.)

« Une foule d'agens d'affaires et de sociétés de liquidation répandent des circulaires dans les départemens, et offrent leurs services pour faire liquider l'indemnité accordée par la loi du 27 avril dernier, aux anciens propriétaires des biens-fonds confisqués et vendus révolutionnairement : ils annoncent se charger de faire des avances, d'acheter les créances, et de toutes les démarches nécessaires dans les bureaux et administrations pour presser les liquidations, moyennant des conditions et des droits qu'ils sauraient rendre fort onéreux.

» Il importe que les anciens propriétaires, ou leurs représentans, soient prémunis contre de telles manœuvres : l'inten-

tion bien prononcée du Gouvernement est de conserver in-
tact, aux anciens propriétaires ou à leurs représentans, le bien-
fait de l'indemnité, en leur ouvrant les moyens de suivre personnellement, et sans aucun secours étranger, la demande en
liquidation qu'ils seront dans le cas de former. C'est le but de
l'ordonnance de S. M., du 1er. de ce mois, et plusieurs fois il
a été écrit aux préfets pour qu'ils aient à éclairer à cet égard
leurs administrés.

» Les directeurs des domaines ont été chargés de produire
toutes les pièces qui sont déposées dans les archives publiques : on n'a exigé des particuliers, pour la justification de
leurs droits et qualités, que l'accomplissement des formalités
les plus simples et les plus indispensables, et elles ont été
déterminées d'une manière précise; enfin, des mesures ont
été prises pour que les liquidations s'opèrent avec la plus
grande rapidité. Il est recommandé à tous les fonctionnaires
de rivaliser d'efforts et de zèle pour amener promptement
l'opération à son terme.

» Il dépend donc uniquement des intéressés de se soustraire
à l'avidité des agens d'affaires. Il n'y a d'ailleurs aucune foi
à ajouter à leurs paroles : ils ne peuvent rien de ce qu'ils pro-
mettent. Non-seulement ils ne seront pas accrédités dans les
bureaux des administrations; mais, au contraire, ils en seront
sévèrement repoussés. »

On annonce que la Commission de liquidation
tiendra ses Séances, et aura ses Bureaux, au Palais
du Louvre, dans le même local que le Conseil
d'État.

FORMULE DE PÉTITION

POUR DES HÉRITIERS,

(Plus détaillée, conformément à l'Ordonnance.)

A Monsieur le Préfet du Département de la Seine.

1°. Emilie....., veuve de Monsieur le Comte de L......, demeurant......

2°. Victoire....., épouse de M. le Baron de C....., et de lui duement autorisée. demeurant....

3°. Le baron de P... .., comme tuteur légal de ses enfans mineurs, issus de son mariage avec demoiselle......, leur mère, défunte, demeurant......

Toutes lesquelles parties susnommées déclarent faire élection de domicile en la demeure et étude de M^e. A...., notaire royal, à Paris, rue...... n°......

Ont l'honneur d'exposer :

Qu'ils sont enfans et seuls héritiers de feu M. le Marquis de......, leur père, lequel était propriétaire,

1°. D'un hôtel, sis rue......, qu'il habitait, et pouvait être estimé, en 1790, d'un revenu de......

2°. D'une autre maison, sise rue......, laquelle, d'après les baux, était, en 1790, d'un revenu de.....

3°. D'un domaine appelé......, sis commune de......, avec château, parc et dépendances, lequel pouvait être estimé, en 1790, valoir...., et rapportait......

' Lesquels biens, par suite de l'émigration dudit sieur Marquis de....., leur père, qui sortit de France en 1791, ont été confisqués et vendus nationalement; savoir :

1°. L'hôtel à Paris, rue....... en floréal an II (avril 1794), pour le prix de.....

2°. La maison, sise rue ...., vendue le..... an II (1794), pour le prix de.... ...

3°. Le domaine de.. .., sis commune de... ., vendu le..... messidor an III (1795), sur l'estimation d'un revenu de......

Les Exposans déclarent, en outre, qu'ils ne sont, non plus que leurs père et mère, rentrés, depuis la confiscation, dans la possession d'aucune partie des biens ci-dessus.

POURQUOI, Monsieur le Préfet, les Exposans vous prient et requièrent de vouloir bien les faire inscrire, dès ce jour, sur le registre à ce destiné, pour être liquidés de l'indemnité qui leur est due par l'Etat, à raison des biens ci dessus vendus nationalement, en conformité de la loi du 27 avril 1825.

Les Exposans produisent, quant à présent, sauf à produire ultérieurement toutes autres pièces qui seraient nécessaires :

1°. L'acte de décès de leur père, en date du....

2°. Celui de leur mère, du.....

3°. Les actes de naissance des enfans ici réclamans comme héritiers de leur père.

4°. L'extrait de l'inventaire, dressé après le décès de leur père, établissant les qualités des héritiers qu'il a laissés.

Paris, ce.... 1825.   (*Signatures.*)

ACTE DE NOTORIÉTÉ

CONSTATANT L'IDENTITÉ DU RÉCLAMANT.

L'an..... le...., pardevant nous N....., juge de paix du canton de..... résidant .....

> (*Juge de paix du domicile du réclamant, ou de la situation des biens confisqués.*)

Est comparu M.

> (*Noms, qualités, demeure.*)

lequel, après nous avoir déclaré ses noms et qualités ci-dessus, nous a requis de dresser et lui délivrer acte constatant qu'il est identiquement la même personne connue, avant la Révolution, sous les mêmes noms et qualités, et demeurant alors à....... lequel possédait, entr'autres biens, le château et domaine de......, situés......, lesquels ont été confisqués sur lui et vendus révolutionnairement.

Et au même instant sont aussi comparus devant nous, les témoins ci-après ; savoir :

1°. ......

2°. ......

> (*Noms, qualités et demeures des cinq témoins.*)

Lesquels, après serment individuellement prêté devant nous de dire vérité, ont dit, déclaré et attesté unanimement, qu'ils reconnaissent parfaitement le requérant pour être identiquement la même personne connue avant la Révolution sous les noms et qualités ci-dessus énoncés, et qui possédait notamment, entr'autres biens, le château et domaine de..... confisqués sur lui et vendus nationalement pendant la Révolution.

En foi de quoi, nous, juge de paix susdit, avons dressé le présent acte, pour servir et valoir ce que de raison ; lequel, après lecture, a été signé des cinq témoins ci-dessus dénommés, ainsi que par nous et notre greffier.

Fait à...... les jour et an susdits.

***

Nota. — De mois en mois ou environ, il sera publié un Cahier de Supplément, contenant les Ordonnances, Décisions administratives, Jugemens et Arrêts des tribunaux, qui auront été rendus dans l'intervalle, ainsi que des Avis et Solutions sur toutes questions relatives à l'Indemnité des Emigrés.

Les Personnes qui désireraient être assurées de les recevoir aussitôt leur apparition, pourront s'abonner d'avance, pour cinq ou dix Cahiers, moyennant 5 ou 10 fr., chez Madame veuve PORTHMANN, Imprimeur, rue Sainte-Anne, n°. 43; et ces Cahiers leur seront exactement envoyés à domicile, et port franc, à mesure qu'ils paraîtront.

DE L'IMPRIMERIE DE Mᵐᵉ. Vᵉ. PORTHMANN,
RUE SAINTE-ANNE, N°. 43.

SUPPLÉMENT

AU

MANUEL DE L'INDEMNITÉ

DES ÉMIGRES, CONDAMNÉS ET DÉPORTÉS.

CONSULTATION

Concernant les Ecclésiastiques ci-devant DÉPORTÉS, et spécialement sur leurs droits à l'Indemnité.

Il existe encore un grand nombre de ces pieux et fidèles ecclésiastiques, qui, incapables de transiger avec leur conscience, se dévouèrent courageusement à subir toutes les horreurs de l'exil et de la misère, plutôt que de prêter un serment qui blessait leurs principes, dont la formule leur parut contenir une dérogation à leurs sermens antérieurs.

Et, qui le croirait! Ces martyrs de la foi, dont le Monde entier admira l'héroïque constance, dont les vertus finirent par désarmer leurs persécuteurs

9

mêmes ; depuis qu'ils sont rentrés dans leur patrie, depuis qu'ils ont vu la France rendue à ses rois légitimes, ainsi qu'à la pureté de son culte ; ils n'ont encore pu obtenir justice, relativement aux biens dont il a été révolutionnairement disposé pendant leur proscription.

On se rappelle que leurs biens avaient d'abord été confisqués au profit de l'Etat ; qu'ensuite, ils furent remis à leurs parens en degré de succéder ; à raison de ce que ces malheureux proscrits étaient supposés en état de mort civile.

Or, lorsque, rappelés dans leur patrie, et réintégrés dans leurs droits civils, ils se sont présentés pour reprendre la possession de ces biens ; presque partout les détenteurs se sont refusés à leur en faire la remise ; et les Autorités ont consacré ce refus.

D'un autre côté, on annonce que pour raison de ces mêmes biens que la Révolution leur a enlevés, ils ne seront pas admis à l'indemnité.

Examinons donc si, en effet, on était fondé à leur dénier la remise de leurs biens non vendus ; et subsidiairement, au cas qu'ils demeurent définitivement privés de leurs biens-fonds, s'ils n'ont pas droit à en être indemnisés.

Pour parvenir à la solution de cette double question, il est nécessaire de retracer d'abord, sommairement, la série des lois ou décrets rendus sur ce sujet.

§. Ier.

Lois de la Révolution, concernant les Prêtres dits réfractaires.

Le 26 août 1792, premier Décret qui enjoint aux ecclésiastiques qui ont refusé le serment, de sortir de France, dans le délai de dix jours, à peine d'être saisis et déportés à la *Guyanne*.

Et quant aux vieillards caducs ou infirmes, qui seraient reconnus hors d'état de sortir de France, il est ordonné qu'ils seront mis et retenus en réclusion, dans une maison commune, au chef-lieu de leur département.

17 septembre 1793, deuxième Décret portant que les dispositions relatives aux émigrés, sont en tous points applicables aux déportés.

30 vendémiaire an 2 (21 octobre 93), troisième Décret qui prononce peine de mort contre ceux des ecclésiastiques insermentés, qui seront trouvés sur le territoire français. — Même peine contre les par-

ticuliers qui les auront recelés. — Récompense à quiconque les dénoncera.

22 ventose an 2 (12 mars 94), quatrième Décret qui déclare acquis à la République, même les biens des vieillards infirmes mis en réclusion.

13 messidor an 3 (1er. septembre 95), la vente de leurs biens est suspendue.

20 fructidor suivant, Décrété en principe , que leurs biens seront remis à leurs familles.

22 fructidor an 3 (8 septembre 95), Décret qui rapporte définitivement ceux antérieurs prononçant confiscation des biens des ecclésiastiques déportés ; qui ordonne que leurs biens, ou leur valeur, seront remis , soit à ceux desdits ecclésiastiques qui seront relevés de la déportation ou réclusion , soit aux héritiers présomptifs de ceux qui resteront en état de mort civile.

5 brumaire an 4 (27 octobre 95), Décret qui prescrit de mettre à exécution, dans les vingt-quatre heures, les lois de réclusion et de déportation contre les prêtres dits réfractaires.

19 fructidor an 4 (5 septembre 96), Loi qui autorise les prêtres mis en réclusion, à reprendre dès-à-présent la jouissance de leurs biens , et enjoint à ceux qui s'en seraient emparés, en qualité d'héritiers présomptifs, à les leur restituer sans délai.

26 fructidor de la même année 4 (12 septembre 96), Loi portant « que les ecclésiastiques sujets à la réclusion ou à la déportation, qui en ont été ou qui en seront relevés, et qui se trouveraient *inscrits sur une liste d'émigrés,* seront envoyés en possession de leurs biens, par les Administrations départementales : en justifiant devant elles, qu'ils n'avaient pas quitté le territoire français depuis le 9 mai 1792, jusqu'au moment de la loi de déportation. »

7 fructidor an 5 (24 août 97), Loi qui abroge les peines de déportation et de réclusion contre les prêtres insermentés.

Le 19 du même mois, Loi portant que le Directoire exécutif est investi du pouvoir de déporter, par des arrêtés individuels motivés, les prêtres qui troubleraient la tranquillité publique.

5 brumaire an 9, Décret des Consuls, portant que les Commissaires généraux de police recevront les déclarations des ministres des cultes et leur promesse de fidélité à la constitution de l'an 8, *même quand ils n'auraient pas prêté les sermens prescrits par les lois antérieures.*

Telles sont les lois de la matière.

En vertu de ces dernières lois, les prêtres reclus furent remis en liberté.

Ceux déportés ou fugitifs ont été admis à rentrer en France.

Et ils y sont rentrés successivement.

Mais, lorsqu'ils se sont présentés à ceux de leurs parens qui détenaient des portions de leur ancien patrimoine, presque tous ont éprouvé des refus, des résistances ; et il n'est que trop vrai , que ces résistances ont été appuyées de plusieurs décisions, tant des Tribunaux, que de l'Autorité administrative.

C'est dans cette position des choses, qu'on nous demande quelle sera l'indemnité des ecclésiastiques ci-devant *déportés* ou bannis ?

§. I I.

QUESTION *à résoudre.*

L'indemnité sera-t-elle bornée à ceux de leurs biens seulement qui ont été vendus par le fisc, et dont les prix de vente ont été versés dans les caisses de l'Etat ? Ou plutôt, ne doit-elle pas s'étendre à ceux de leurs biens qui ont été attribués à leurs parens, et que ceux-ci ont été autorisés à retenir ?

(135)

§. I I I.

DISCUSSION.

Voyons d'abord la Loi *du 27 avril dernier.*

A cet égard, elle se contente de dire, *Art.* 1er. :

« *Trente millions..... sont affectés à l'indemnité*
» *due par l'Etat aux Français dont les biens-fonds,*
» *situés en France au* 1er. *janvier* 1792, ONT ÉTÉ
» CONFISQUÉS ET ALIÉNÉS *en exécution des lois*
» *sur les émigrés, les* DÉPORTÉS, *et les condamnés*
» *révolutionnairement.* »

Pour la négative, on dit : qu'aux termes de cet article, l'Etat ne s'est chargé d'indemniser les déportés, que pour raison de leurs biens-fonds qui ont été *confisqués* ET ALIÉNÉS;

Que ces derniers mots ne désignent que les biens qui furent, non-seulement confisqués, mais de plus *aliénés*, c'est-à-dire vendus par l'Etat;

Que c'est dans ce sens que le mot *aliéner* se prend toujours dans le style des lois et des contrats;

Que l'on ne peut pas dire, des biens qui, confisqués d'abord sur les prêtres déportés, furent ensuite remis à leurs parens, qu'ils aient été *aliénés* par l'Etat; puisqu'au contraire, ils leur furent délaissés à titre d'héritage ou de succession; que c'est la même chose que s'ils eussent été remis aux déportés eux-mêmes.

Serait-il juste, dit-on encore, que l'Etat fût tenu de payer une indemnité, pour raison de biens qu'il n'a point retenus, qu'il n'a point vendus, dont il n'est rien resté dans ses mains, qu'il a remis intégralement aux familles des déportés?

On conclut enfin, que, par la loi du 27 avril dernier, l'Etat n'est chargé d'indemniser *les déportés*, ainsi que les émigrés, que des biens-fonds confisqués sur eux ET ALIÉNÉS, c'est-à-dire *vendus au profit de l'Etat;*

Que les biens dont il s'agit n'ont pas été *aliénés;* qu'ainsi, aucune indemnité n'est due pour raison de ces biens.

Mais, si un tel système pouvait prévaloir, quel serait donc le sort de ces malheureux proscrits, connus sous le nom de prêtres *déportés?*

Quoi! déjà repoussés de toute rentrée dans les biens qui existent encore en nature dans les mains de ceux auxquels ils furent gratuitement attribués pendant leur exil, ils seraient de plus privés de tout dédommagement pour la perte de ces biens!

Quoi! parce que leurs propriétés ne furent pas précisément vendues, comme celles des émigrés, mais concédées gratuitement à certains individus qui n'y avaient aucun droit, ces vénérables pasteurs, presque tous dans la caducité de l'âge, dans le besoin et l'indigence , seraient exclus de toute participation à l'indemnité !

Ainsi, cette classe de proscrits serait traitée avec moins de faveur que les autres ! Que dis-je, ils seraient traités avec une véritable barbarie, ces vertueux ministres des autels , qui montrèrent une si religieuse fidélité à leurs sermens, une résignation si touchante dans les souffrances de leur exil; pour lesquels l'inexorable assemblée même qui les avait proscrits , ne put s'empêcher de manifester, sur la fin de sa session, quelques sentimens de regrets et de commisération !

Mais non ; il n'en sera pas ainsi.

L'intention de la loi, l'esprit du Gouvernement actuel, les sentimens d'équité qui dominent seuls maintenant dans les Conseils, nous garantissent que justice sera enfin rendue à ces victimes de la plus inique des persécutions.

§. IV.

Esprit, résultat des dernières Lois concernant les Prêtres déportés.

Et d'abord, sans entendre nous écarter aucunement du respect qui est dû, et que nous portons aux Autorités qui jusqu'ici se sont prononcées en faveur des parens détenteurs, nous oserons néanmoins nous permettre d'énoncer une opinion toute contraire.

Oui, dans la sincérité de notre conscience, nous dirons que notre pensée est, que l'on a mal entendu les lois de l'an 3 et de l'an 4; que l'on a abusé, et de l'art. 16 du sénatus-consulte de l'an 10, et de l'article 1er. de la loi du 5 décembre 1814, pour en induire que les parens devaient être maintenus dans leur injuste détention, au préjudice des légitimes propriétaires.

En effet, revoyez ces lois; méditez-en les dispositions; interrogez leur esprit;

Et vous ne tarderez pas à demeurer convaincus, que ces parens n'étaient que de simples *dépositaires* des biens des déportés; qu'ils étaient tenus de leur en rendre la jouissance, aussitôt que ceux-ci furent relevés de leur bannissement.

D'abord, *la loi du 22 fructidor an 3.*

Que porte-t-elle ?

Après avoir abrogé les décrets antérieurs qui avaient *assimilé aux émigrés* les ecclésiastiques *déportés* ou *reclus*, et en conséquence desquels le

fisc avait appréhendé leurs biens, cette loi dit,
art. 2 :

« *Les confiscations* qui ont eu lieu contre lesdits
» ecclésiastiques, *cesseront d'avoir leur effet.* »

Puis, art. 3. — « *Les biens,* ou leur valeur, *seront*
» *remis sans délai,* soit *à ceux desdits ecclésias-*
» *tiques qui pourraient être relevés de l'état de dé-*
» *portation, réclusion, ou mort civile.* . . . . . »

Comme on le voit, cette loi ne dit pas qui *ont été*
ou *qui sont* relevés; mais QUI POURRONT *être re-*
levés....

Expressions qui se rapportent *au futur,* et à un
futur indéfini; car aucun terme à ce relief n'est
préfixé dans les articles suivans.

Ensuite la loi dit : — « *Soit aux héritiers pré-*
» *somptifs de ceux* QUI RESTERONT *en état de mort*
» *civile, par les jugemens ou arrêtés qui les ont*
» *condamnés à la déportation, ou réclusion* A
» VIE. »

De ces dernières expressions, il résulte bien certainement deux choses :

Premièrement, que la loi ne considère comme
frappés de *mort civile,* que ceux qui ont été condamnés à la déportation, ou à la réclusion à vie, par
des *jugemens ou arrêtés formels;*

Deuxièmement, que ce n'est qu'autant qu'ils resteront *toute leur vie* dans cet état *de mort civile*,
que leurs héritiers, qui vont être mis en possession
de leurs biens, en resteront aussi définitivement
saisis.

Ceci va devenir plus évident encore par les deux
lois suivantes.

Après les événemens des 13 et 14 vendémiaire an
4, la Convention rend un décret (3 brumaire an 4)
qui ordonne de mettre rigoureusement à exécution
les lois de déportation et de réclusion contre les
prêtres insermentés.

En conséquence, plusieurs de ces ecclésiastiques
sur lesquels on avait fermé les yeux, sont arrêtés et
incarcérés; et d'avides parens s'empressent de se
mettre en possession de leurs biens, comme y étant
autorisés par la loi du 22 fructidor précédent.

Le 19 fructidor an 4, le Corps législatif, qui avait
remplacé la Convention, rend la loi suivante :

« Considérant que la loi du 22 fructidor an 3, qui
lève la confiscation des biens des prêtres reclus ou
sujets à la réclusion, n'en interdit la jouissance qu'à
ceux de ces ecclésiastiques, qui, *ayant été condam-*

nés par un jugement légal, ont encouru la peine de la mort civile ;

» Considérant que la loi du 3 brumaire dernier, en ordonnant l'exécution des lois concernant les prêtres reclus, a déclaré qu'elle *n'entendait rien changer aux dispositions de celle du 22 fructidor;* que néanmoins, quelques Administrations en ayant mal saisi le sens, il en est résulté des dispositions contraires aux principes consacrés dans ces lois;

» Considérant qu'il est instant de faire cesser une erreur qui, en favorisant des *prétentions odieuses, de la part des héritiers* présomptifs, *attaque le droit de propriété*, et ajoute à la rigueur de la loi....

Art. 1ᵉʳ. « Les ecclésiastiques, dont la réclusion a été ordonnée par la loi du 3 brumaire dernier, sont autorisés à reprendre la possession et jouissance de leurs biens.

2. « Leurs héritiers présomptifs, qui s'en seraient emparés, et qui s'en trouvent actuellement nantis, sont *tenus de les leur restituer sans délai, sans pouvoir se prévaloir de leur réclusion.* »

Ainsi, par cette loi, celle du 22 fructidor an 3, est de nouveau confirmée dans tout ce qu'elle contenait de favorable.

Il est rappelé notamment, qu'on n'avait entendu maintenir en état de mort civile, et priver de leurs biens, que ceux qui avaient été personnellement

condamnés, par des jugemens ou arrêtés légaux,
à la déportation ou à la réclusion *à vie.*

En conséquence, ceux qui n'avaient été mis en réclusion que par une mesure générale, et sans jugement individuel, sont, quoique détenus, autorisés à
reprendre la possession de leurs biens.

Les parens à qui il en avait été fait délivrance par
les Administrations, sont *tenus de leur en restituer
la jouissance, sans pouvoir se prévaloir de leur réclusion.*

Or, les déportés n'avaient aussi été déportés
que par *mesure générale.*

Très-peu avaient été condamnés par des jugemens
ou arrêtés individuels.

Donc, quoique déportés, ils n'étaient pas en état
de mort civile; ils étaient simplement *absens.*

Donc ceux de leurs parens à qui leurs biens furent
remis en cet état d'absence, n'en étaient pas définitivement saisis. Il n'en étaient que *dépositaires,* que
possesseurs *provisoires.*

Donc ils étaient tenus de remettre ces biens à
leurs légitimes propriétaires, quand ceux-ci se repré-
sentèrent.

Un Décret de la Convention, du 26 floréal 3, avait
statué que ceux qui jusqu'à ce jour n'avaient pas réclamé contre leur inscription sur les listes d'émigrés,

y demeureraient définitivement maintenus , et seraient réputés émigrés.

Plusieurs ecclésiastiques avaient été incrits sur des listes d'émigrés , en même temps qu'ils étaient déportés ou reclus ; et le fisc se refusait à remettre leurs biens , soit à eux , soit à leurs parens, sous prétexte des lois relatives aux émigrés , et de l'expiration des délais pour demander la radiation des listes.

Informé de ces difficultés , le Corps législatif, donna l'explication suivante , le 26 fructidor an 4 :

« Considérant qu'il est instant de lever les obstacles qui s'opposent à la pleine et entière exécution de la loi du 22 fructidor an 3.....

» Art. 1. « La loi du 26 floréal an 3 n'est point applicable aux ecclésiastiques sujets à la réclusion ou à la déportation.

3. « Les ecclésiastiques sujets à la réclusion ou à la déportation, *qui en ont été, ou* QUI EN SERONT RELEVÉS , et qui se trouvent *inscrits sur une liste d'émigrés*, seront envoyés en possession de leurs biens par les Administrations départementales ; en justifiant devant elles qu'ils n'ont pas quitté le territoire de la République depuis le 9 mai 1792 jusqu'au moment de la loi qui les déporte.

4. « Dans le cas où lesdits ecclésiastiques *ne seraient pas relevés de l'état de réclusion ou déportation*, ou seraient *décédés*, leurs biens seront restitués à leurs héritiers présomptifs ; à la charge , par

eux de faire la preuve ordonnée par l'article précédent. »

Cette dernière loi confirme la distinction déjà faite
entre *l'état de réclusion et déportation*, simple, et
l'état de mort civile.

Entre *l'état de mort civile*, qui ne pouvait résulter que d'un *jugement légal* de condamnation indi-
viduelle à la déportation ou réclusion *à vie;*

Et l'état de réclusion ou déportation, simple, par
mesure générale, qui n'emportait pas la mort civile.

La mort civile seule, opérait ouverture de la succession et dévolution des biens , au profit des héritiers présomptifs.

L'état de réclusion ou déportation *simple*, sans
jugement légal, n'emportait pas ouverture de la succession, pas de dévolution des biens aux héritiers ;
les biens ne cessaient pas d'appartenir au propriétaire reclus ou absent.

Conséquemment, si l'héritier présomptif en était
néanmoins mis en possession, il n'en avait qu'une
possession précaire et provisoire, en attendant le retour de l'absent, ou la liberté du reclus.

Voilà ce qui résulte bien évidemment de la com-
binaison des trois lois des 22 fructidor an 3 , 19 et
26 fructidor an 4.

Or, encore une fois, tous, ou presque tous les déportés, le furent sans jugement, sans aucune forme
ni examen, par une mesure générale et purement
arbitraire.

Aussi la loi même de cette proscription ne pro-
nonça-t-elle d'abord contre eux, ni confiscation,
ni mort civile.

Ce ne fut que par un décret subséquent, rendu à
l'époque des plus horribles excès, que l'on imagina
d'assimiler les déportés aux émigrés, et, par suite, de
réputer leurs personnes frappées de mort civile, et
leurs biens acquis au fisc révolutionnaire.

Mais, comme on l'a vu, cet acte de démence et de
brigandage ne tarda pas à être révoqué. Ses auteurs
même en eurent une sorte de honte.

Et, par leur décret de fructidor an 3, ils décla-
rèrent solennellement qu'ils n'entendaient plus considérer comme atteints de mort civile, que ceux des
ecclésiastiques, qui auraient été individuellement
condamnés à la déportation, *par des arrêtés ou jugemens rendus en forme légale.*

A l'égard de ceux-ci seulement, il fut dit qu'ils
resteraient en état de mort civile, jusqu'à ce qu'ils en
fussent relevés.

A l'égard de ceux-ci seulement, et il n'y en avait
que très-peu, il fut dit que leur succession serait réputée ouverte ; que leurs héritiers présomptifs seraient investis de leurs biens.

Mais, quant à ceux qui avaient été bannis en masse, sans aucune forme de jugement, il est manifeste, par les termes exprès des deux lois ci-dessus, qu'ils ne furent jamais frappés de mort civile ; que, par conséquent, jamais leur succession ne put être réputée ouverte ; que conséquemment il n'y eut jamais dévolution de leurs biens à leurs héritiers présomptifs ; et que si néanmoins leurs biens furent remis à leurs héritiers, ce ne fut qu'à titre de dépôt, de garde provisoire, ainsi qu'il se pratique pour *les biens des absens*.

Comment donc, cependant, a-t-il pu se faire, que quand ces proscrits ont été admis à rentrer, et qu'ils se sont présentés pour reprendre ceux de leurs biens qui n'avaient pas été dévorés par la révolution, qui existaient encore en nature dans les mains de leurs parens, simples dépositaires ; on leur ait répondu qu'ils n'étaient pas fondés à les exiger, que ces parens n'étaient pas tenus de les leur restituer, qu'ils en étaient devenus propriétaires incommutables ?

C'est, on ne peut s'empêcher de le répéter, par la plus déplorable des erreurs.

§. V.

OBJECTIONS.

On a dit que les lois de fructidor ans 3 et 4 avaient

(147)

conféré à ces parens la possession de ces biens,
d'une manière absolue, et à titre irrévocable.

Le contraire vient d'être démontré.

On a dit que le sénatus-consulte de floréal an 10
interdisait aux déportés toute recherche de leurs
biens. — Quant à ceux qui avaient été *vendus* nâtio-
nalement à des tiers; oui. — Mais quant à ceux qui
avaient été gratuitement remis à leurs parens, à titre
de dépôt; — non.

On a opposé surtout *l'art.* 16 de ce sénatus-consulte, qui fut fait pour les émigrés seulement, et non
pour les déportés.

Que porte-t-il? Le voici :

« *Les individus amnistiés* ne pourront, en aucun
» cas et sous aucun prétexte, attaquer *les partages*
» *de présuccession, ou autres actes et arrangemens*
» *faits entre la république et les particuliers avant la*
» *présente amnistie.* »

Cela a-t-il le moindre rapport avec les *ecclésiastiques déportés?*

Avait-il été fait entre eux et la République, des
partages de présuccession.

Ces mots ne se rapportent, évidemment, qu'aux
pères et mères d'émigrés, qu'un décret avait con-

10 *

traints de faire, au fisc, un délaissement anticipé d'une portion de leur succession future.

Avait-il été fait entre la république et les parens des prêtres déportés, *des actes d'arrangemens* relativement aux biens de ces déportés ?

Pas davantage.

Les législatures de l'an 3 et de l'an 4 avaient tout simplement dit aux déportés : — Nous rougissons des mesures iniques qui avaient d'abord été prises à votre égard. Nous révoquons les séquestres mis sur vos biens. Nous ne voulons plus de biens si injustement confisqués. Nous ordonnons que ces biens soient remis ; savoir, à vous-mêmes, quand cessera votre déportation ou réclamation, et elle va bientôt cesser ; et, en attendant, à ceux de vos parens qui se trouveraient en degré de vous succéder, si vous venez à mourir avant la fin de votre exil.

En exécution de cette loi, les biens des déportés ont été relâchés par le fisc, et remis à certains de leurs parens.

Ils leur ont été remis à titre purement provisoire.

Ils leur ont été remis par une disposition toute gratuite, et sans que ces parens y eussent aucun droit réel, ni même aucune prétention.

Une telle remise, purement provisoire, absolument gratuite, ne peut être assimilée à aucun des *arrangemens* désignés dans l'art. 16 du sénatus-consulte.

Depuis la Restauration, on a, de plus, opposé *l'article 1er. de la loi du 5 décembre 1814*, ainsi conçu :

« Sont maintenus et sortiront leur plein et entier
» effet, soit envers l'Etat, soit envers les tiers, tous
» jugemens et décisions rendus, tous actes passés,
» tous droits acquis avant la charte constitution-
» nelle, et qui seraient *fondés sur des lois ou des*
» *actes du gouvernement* RELATIFS A L'ÉMIGRA-
» TION. »

Mais les actes ou arrêtés administratifs qui ont fait délivrance des biens des déportés à certains de leurs parens, ne furent pas fondés sur les lois relatives à l'émigration ; puisqu'au contraire, elles n'eurent lieu qu'après les lois de fructidor ans 3 et 4, qui avaient révoqué le décret de 93, qui venaient de proclamer que les lois concernant les émigrés n'étaient nullement applicables aux déportés.

Ainsi, l'art. 1er. de la loi du 5 décembre 1814 n'était aucunement susceptible d'être opposé aux déportés.

Concluons donc, sur ce point, que c'est à tort, par une fausse application du sénatus-consulte de l'an 10, et de l'art. 1er. de la loi de 1814, en contravention au véritable esprit des lois de fructidor ans 3 et 4, que jusqu'ici les ecclésiastiques déportés ont été repoussés du droit de reprendre ceux de leurs biens non-vendus, et existans en nature dans les mains des parens auxquels ils n'avaient été remis qu'à titre provisoire.

§. V I.

Droit des Déportés, quant à l'Indemnité.

Mais faut-il tenir qu'ils sont irrévocablement exclus de ces biens?

Faut-il tenir que non-seulement ceux vendus par le fisc, mais encore ceux gratuitement conférés à certains parens, sont perdus sans retour pour ces malheureux déportés? — Dans ce cas, il leur est dû indemnité, et tant pour les biens conférés à leurs parens, que pour ceux vendus par le fisc.

Car il résulte du texte formel de la loi du 27 avril dernier, des discours des organes du Gouvernement, des rapports faits aux deux Chambres, et de toute la discussion dont ils ont été suivis; que les trente millions de rente accordés par cette loi, sont destinés à indemniser non-seulement les émigrés, mais aussi *les* DÉPORTÉS, pour raison des *biens-fonds confisqués et aliénés* sur eux.

« Trente millions.... sont affectés à l'indemnité
» due aux Français *dont les biens-fonds.... ont été*
» *confisqués et aliénés en exécution des lois sur les*

» *émigrés*, LES DÉPORTÉS, *et les condamnés révo-*
» *lutionnairement.* »

On objecte que les biens des prêtres déportés, remis à leurs parens, n'ont pas été *aliénés ;* que ce mot
aliénés ne peut s'entendre que des biens *vendus* par
le fisc, et dont les prix de vente ont été versés dans
les caisses de l'Etat ; que l'État ne peut être justement obligé à payer une indemnité, pour des biens
qu'il n'a ni vendus, ni retenus ; qu'il a remis volontairement aux familles.

Mais, d'abord, il n'est nullement exact de dire
que, dans la langue des lois et des contrats, le mot
aliéner ne se prend que comme synonyme de
vendre.

Il s'entend, au contraire, de toute espèce d'aliénation, de disposition, tant à titre gratuit qu'à titre
onéreux. Voyez sur cela tous les Dictionnaires de
Droit.

Et qu'importe, pour le propriétaire, à qui un pouvoir inique enlève son bien, que le ravisseur le vende
ou le donne ?

Le dommage pour lui est toujours le même ; et,
par conséquent, le spoliateur n'en est pas moins
tenu, par toutes les lois de la morale, d'indemniser
le propriétaire, s'il ne lui procure pas la restitution
de son bien en nature.

Ici, le Gouvernement révolutionnaire n'a-t-il pas commencé par s'emparer des biens des malheureux prêtres dits réfractaires, pour les mettre sous sa main et en sa possession ?

Puis, il est vrai, au bout de quelques mois, il veut bien s'en dessaisir ; mais, au lieu de les restituer aux légitimes propriétaires, il les confère à certains individus qui n'y avaient aucun droit.

Il ne les leur remet, à la vérité, qu'à titre provisoire, et pour les rendre aux déportés, lorsque cessera leur déportation.

Mais, lorsque ceux-ci reviennent et se présentent, le Gouvernement qui a succédé au précédent, décide, à son tour, que ces biens resteront aux mains de ceux à qui son prédécesseur les avait remis.

Ainsi les propriétaires sont définitivement expro-priés.

Ainsi leurs biens sont définitivement confisqués et *aliénés*.

Et une indemnité ne leur serait pas due!!!

Et lorsqu'enfin un Gouvernement légitime et ré-parateur est établi ; lorsqu'il déclare solennelle-ment vouloir réparer, autant que possible, les iniqui-tés des gouvernemens de fait qui l'ont précédé ; lors-qu'il déclare affecter un milliard à l'indemnité des Français qui ont été révolutionnairement dépouillés de leurs biens-fonds , soit comme émigrés , soit comme déportés, soit comme condamnés ;

Se pourrait-il que les Conseils institués pour faire exécuter la loi, jugeassent que les plus à plaindre, les plus nécessiteux de ces Français spoliés, n'auront point part à l'indemnité!!!

Non, un tel systême ne prévaudra point.

Et déjà nous trouvons dans l'Ordonnance royale du 1er. mai dernier, des expressions qui semblent décider nettement la question en faveur des déportés.

En effet, au titre 2, art. 5, nous lisons :
« L'ancien propriétaire des biens-fonds, qui, en
» exécution des lois sur les émigrés, les déportés et
» les condamnés révolutionnairement, ont été con-
» fisqués et aliénés, ou qui ont été donnés aux hos-
» pices.... en remplacement de leurs biens vendus...
» soit *concédés gratuitement* à d'autres établisse-
» mens, OU A DES PARTICULIERS. . . . . .
    » *Devront, pour obtenir l'indemnité, adresser*
» *une demande en liquidation au Préfet*, etc. »

D'après cet article, les déportés, ainsi que les émigrés, sont bien expressément appelés à l'indemnité, non-seulement pour raison de leurs biens-fonds confisqués et vendus, mais aussi pour ceux *concédés gratuitement*, soit à des établissemens, *soit à des* PARTICULIERS.

Or, encore une fois, s'il est vrai, comme l'ont décidé plusieurs jugemens, tant des tribunaux que de l'autorité administrative, que les biens des déportés, *remis gratuitement* à leurs parens pendant la révolution, leur ont été conférés à titre irrévocable, et que les déportés en sont exclus sans retour;

Il reste du moins pour vérité dernière, que ces mêmes déportés ont un droit incontestable à l'indemnité, pour raison de ces mêmes biens-fonds, tout ainsi que s'ils avaient été aliénés à titre onéreux.

AINSI ESTIMÉ *par l'ancien Jurisconsulte soussigné*, Avocat aux Conseils du Roi et à la Cour de cassation;

A Paris, le 7 juin 1825.   *Signé* GUICHARD.

P. S. Depuis la publication de la Consultation ci-dessus, on nous a opposé que l'indemnité consistant en une rente à payer d'année en année, d'abord à l'indemnisé, ensuite à ses héritiers, il arriverait que ceux-là même qui ont les immeubles, auraient encore l'indemnité. — La reponse se présente d'elle-même. Muni de son inscription de rente, le déporté pourra la vendre, en toucher le capital, en disposer au profit d'un tiers; et il est à croire que c'est le parti que ne manqueront pas de prendre les déportés, au moins la plupart, qui, presque tous, ont de pressans besoins; et qui d'ailleurs seront peu disposés, sans doute, à s'imposer des privations pour les parens rétentionnaires de leurs biens. Au surplus, si ces parens se trouvaient encore appelés un jour à recueillir la seconde succession des déportés, alors ce serait à l'Etat à voir et décider s'il doit leur continuer le service d'une rente qui n'aurait été constituée qu'en dédommagement des biens-fonds retenus par eux mêmes.

QUESTIONS PROPOSÉES

RELATIVEMENT AUX DEUX CATHÉGORIES

*De la Loi du 27 Avril 1825,
sur l'Indemnité.*

« J'AI entendu plusieurs personnes ici prétendre qu'il suffit d'avoir été vendu postérieurement à la loi du 12 prairial an 3, pour avoir droit à demander d'être liquidé sur le pied de dix-huit fois le revenu de 1790 ; quand même la vente aurait eu lieu par adjudication aux enchères, après une simple estimation ; parce que, dit-on, la loi du 27 avril dernier établit deux cathégories seulement de liquidation, qui doivent se régler uniquement d'après la date des ventes ; savoir, celles faites antérieurement à la loi de prairial an 3, et celles postérieures à cette même loi.

» On ajoute, que si, postérieurement à cette loi de prairial an 4, des ventes ont encore été faites aux enchères, sur simple estimation par experts, et sans indication du revenu de 1790, ce n'en est pas moins ce revenu qui seul doit servir de règle pour fixer l'indemnité, relativement à ces ventes postérieures ; et que les parties ne doivent pas souffrir de ce que les Administrations venderesses ne se seraient pas conformées à la loi, pour le mode de vente.

» D'autres pensent et disent que *la date* des ventes, avant ou après la loi de prairial an 3, n'est aucunement à considérer pour décider de la cathégorie, pour être placé dans la première ou dans la seconde; qu'il faut uniquement s'attacher à l'indication des *lois* énoncées dans l'acte ou procès-verbal de vente; que si la vente est énoncée faite en vertu des lois qui prescrivaient la recherche et indication du revenu de 1790, la liquidation doit être faite sur le pied de dix-huit fois le revenu de 90, quand même il n'aurait pas été constaté; que si les lois citées dans le procès-verbal d'adjudication, sont celles antérieures à prairial an 3, bien que la vente soit postérieure, c'est le prix de cette vente, réduit en numéraire d'après l'échelle, qui servira de base à la fixation de l'indemnité; qu'enfin, ce n'est pas *la date* de la vente, mais *l'énoncé de la loi* en vertu de laquelle elle aurait été faite, qui détermine la cathégorie.

» J'ai été vendu le 8 vendémiaire an 4, aux enchères, après une simple estimation, qui a servi de mise à prix. Je demande si je suis fondé à insister pour que mon indemnité soit réglée d'après le revenu de 1790. »

RÉPONSE.

Ni l'une ni l'autre de ces deux opinions ne nous paraît fondée.

Relisez l'art. 2 de la loi, les rapports et discours sur cet article, et vous vous convaincrez que la loi n'admet et n'a voulu admettre que deux bases de l'indemnité ; savoir : ou *le prix d'adjudication*, quand le bien a été vendu *aux enchères*, après une *simple estimation pour fixer la mise à prix ;* ou *le revenu de* 1790, quand ce revenu a été *constaté et indiqué*, par le procès-verbal même de l'adjudication, ou par des procès-verbaux antérieurs.

Tous les discours du ministre et du commissaire royal attestent qu'on n'a pas voulu admettre des estimations à faire maintenant, ni des recherches nouvelles pour trouver le revenu de 1790.

« Le Gouvernement, en venant proposer aux Chambres, une grande mesure, qui exige un grand sacrifice (disait entre autres M. *de Martignac*, séance du 3 janvier), ne peut se présenter à elles qu'avec des documens qui leur permettent d'en déterminer l'étendue. Notre premier devoir était de vous la faire connaître, et ce devoir ne pouvait être rempli, si la base de l'indemnité restait soumise à des opérations éventuelles, dont il serait impossible de prévenir les résultats...... Des visites, des expertises, placeraient les nouveaux propriétaires en contact prolongé avec les anciens, et ne conduiraient qu'à des résultats vagues, arbitraires, appuyés sur des souvenirs et des conjectures. »

S'il y a eu des ventes faites à la fin de l'an 4 , sans observation des formes que prescrivaient les lois du 12 prairial an III , et du 28 ventose an IV ; c'est une irrégularité, sans doute ; mais, après tout, encore une fois , s'il n'y a pas eu alors de constatation du revenu de 1790 , c'est le prix de vente , c'est le montant des valeurs reçues par l'Etat, qui seul déterminera le montant de l'indemnité ; à moins, toutefois, que l'objet vendu ne fût un corps certain , tel qu'un domaine , une ferme ou métairie , dont le revenu aurait été tout fixé et déterminé par un bail en bonne forme, visé ou mentionné dans le procèsverbal de vente , ou dans celui d'estimation ; car, alors, il n'y aurait aucune recherche à faire , aucune visite , aucune expertise.

Ce n'est donc point *la date* de la vente , mais bien *le mode* ou la manière dont elle a eu lieu , qui détermine la cathégorie de l'indemnitaire.

La simple énonciation de telle ou telle loi dans le procès-verbal de vente, ne peut davantage donner droit d'être placé dans la première classe , si d'ailleurs il n'y a nulle indication du revenu de 1790, ni dans l'acte de vente , ni dans les actes préparatoires.

Mais, toutes les fois que cette indication existera, et de manière qu'il n'y ait aucun motif d'en soupçonner la véracité, notre avis est que l'indemnité devra se régler d'après le revenu indiqué , en le multipliant dix-huit fois.

Car c'est certainement la base la plus certaine et la plus juste, celle qu'il était dans le vœu du Gouvernement d'adopter pour toutes les ventes, s'il eût été possible; ainsi que cela résulte de toute la discussion.

Là où il n'y a eu qu'une simple visite d'experts pour fixer la mise à prix, l'estimation par eux faite, quelle qu'en soit la date, peut d'autant moins suffire pour faire ranger l'indemnitaire dans la première classe, que cette estimation a pu être faite d'après des données tout autres que le revenu de 1790.

Mais cette estimation rappelle-t-elle le revenu de 1790? est-elle faite d'après ce revenu? Alors, nul doute, suivant nous, que l'indemnitaire est fondé à prétendre qu'il doit être placé dans la première cathégorie, que son indemnité doit être réglée d'après ce revenu de 1790.

Car voilà tout ce que demande, tout ce qu'exige le Législateur : que le revenu de 1790 ait été constaté, indiqué d'une manière positive; qu'il soit constant, reconnu; en telle sorte qu'il n'y ait actuellement aucune recherche ni expertise à faire.

Quand cette base existe, le législateur la préfère à toute autre. Il veut qu'elle seule serve de règle, comme étant tout à la fois la plus sûre et la plus équitable.

Cet esprit de la loi respire dans tous les discours du ministre, des rapporteurs et du commissaire du

Gouvernement, notamment, dans le dernier que cet éloquent orateur prononça devant la Chambre des Pairs, séance du 13 avril.

« Lorsque le Gouvernement, dit-il (p. 26), fut déterminé à proposer aux Chambres l'acceptation d'une indemnité, il sentit la nécessité d'asseoir cette indemnité, son évaluation, sa répartition, sur des bases positives, qui ne pussent rien laisser à l'arbitraire, à la faveur, ni à l'erreur. Il ne suffisait pas, en effet, que la distribution fût faite avec justice et impartialité ; il fallait encore que cela fût évident, incontestable, et que le soupçon et la calomnie ne pussent pas flétrir cette grande et noble opération.

» Pour arriver à ce résultat, il fallait chercher dans des *actes formels, déjà existans*, la valeur approximative des propriétés vendues.

» *Le meilleur moyen était d'en trouver le revenu.*

» En effet, Messieurs, la propriété en elle-même, quant à son capital, ne peut être estimée que par des comparaisons, des calculs, des appréciations. *Le revenu*, au contraire, est *un fait indiqué par un chiffre :* c'est donc *le revenu* qu'on doit chercher à connaître.

» On chercha, Messieurs, avec zèle, avec ardeur, avec un vif désir de rendre l'exécution digne du principe. On prescrivit de consulter les actes de vente, les rôles de contributions de 1793, les *baux à ferme*, enfin la notoriété publique.

» Les directeurs des domaines apportèrent tous leurs soins à cette opération.

» Ils trouvèrent *l'indication du revenu*, pour les ventes faites en exécution des lois postérieures au 12 prairial an 3, parce que ces lois en ordonnaient l'insertion dans les actes.

» Il en fut autrement, pour les ventes antérieures.

» Le plus grand nombre des procès-verbaux n'en contient aucune mention.

» Dans leur silence, on recourut aux rôles de 1793 ; mais, dans beaucoup de départemens, ces rôles ne se retrouvaient pas.

» On rechercha *les baux à ferme* ; mais, dans les pays de petite culture, il n'existe pas de baux.

» Enfin, on invoqua la notoriété ; mais, après trente années, que pouvait fournir cette dernière ressource ?

» Il fallut renoncer à faire, du revenu, une base *générale et absolue ;* se déterminer à ne l'adopter, que *pour les ventes dont les actes en renfermaient l'indication ;* et en chercher une plus sûre pour les autres. »

Voilà qui justifie complètement, ce nous semble, l'opinion que nous avons ci-dessus émise ; que, soit

avant, soit après la loi de prairial an 3, toutes les
fois que les actes de vente énoncent, en termes
positifs, le revenu de 1790, c'est ce revenu qui devra servir de base à la fixation de l'indemnité ; de
quelque manière d'ailleurs que la vente ait été faite,
soit par adjudication aux enchères, soit par contrat
sur soumission.

G.

QUESTION D'OPPOSITION

PAR UN CRÉANCIER, CI-DEVANT ÉMIGRÉ,
SUR L'INDEMNITÉ REVENANTE A UN AUTRE ÉMI-
GRÉ. — PRESCRIPTION. — RENTE VIAGÈRE.

***

Voici en deux mots le fait :

Par contrat du 2 avril 1790, M. DE S..... avait
constitué une rente viagère de 5,000 fr. au profit de
M. DE N.....

L'épouse de ce dernier, ayant obtenu sa séparation, fut autorisée, par jugement du 3 avril 1792, à
toucher les annuités de cette rente, qui a fini en
1804, par le décès de M. N....

Il en était alors dû treize années, formant une
somme de 65,000 fr.

Pour raison de cette somme de 65,000 fr., Madame de N.... a formé opposition sur l'indemnité que poursuit en ce moment la famille DE S....

Question. L'opposition formée par Madame DE N....., est-elle recevable ? est-elle fondée ?

§. Iᵉʳ.

On lui oppose, d'abord, qu'il y a prescription de toute la créance, par la raison que cette créance repose sur un titre qui remonte à 1790 ; et que, depuis cette époque de 1790, il n'a été fait aucune poursuite, aucune demande.

Examinons ce premier point.

Le titre de la créance de Madame de N..., c'est le jugement du 3 avril 1792.

Le titre de la dette de M. de S...., c'est le contrat du 2 avril 1790.

Il paraît qu'il n'a été fait aucune poursuite contre M. de S...., en vertu de ces deux titres, jusqu'à ces derniers temps.

Et, dans les circonstances ordinaires, on serait sans doute fondé à dire que la créance est périmée.

En effet, il a toujours été de principe, dans l'ancien comme dans le nouveau régime, que le laps de trente ans sans poursuite ni demande, éteignait toutes actions quelconques, entre particuliers, tant réelles que personnelles.

Mais il y avait exception à cette règle, toutes les fois que la créance concernait une personne qui avait été dans l'impuissance d'agir ; d'après l'ancien axiome de droit : *Contrà non valentem agere nulla currit prescriptio.*

Or, dans l'espèce actuelle, s'il y a eu un laps de plus de trente années sans poursuite contre le débiteur ; c'est par la raison d'un double empêchement qui ne fut que trop réel ; savoir : l'émigration de Madame de N...., créancière, et l'émigration de M. de S...., débiteur ; émigration pendant laquelle ces deux personnes furent réputées mortes civilement, et dans l'impuissance d'exercer aucune action, de former aucune demande.

A la vérité, il a été plusieurs fois jugé dans nos tribunaux, et notamment par un arrêt de la Cour de cassation, rendu sur un réquisitoire direct du célèbre Merlin, le 16 prairial an 12, que la prescription avait couru contre les émigrés pendant leur absence du territoire français, et pouvait leur être opposée depuis leur retour ; attendu que pendant leur émigration, ils avaient été représentés, tant activement que passivement, par le fisc.

Mais cette jurisprudence ne peut plus tenir aujourd'hui, d'après la loi du 27 avril dernier, qui a relevé les émigrés de toutes les incapacités et déchéances prononcées contre eux par les lois de la révolution ; et qui, par suite, a aussi implicitement relevé leurs anciens créanciers de toutes les prescriptions, expirations de délais et déchéances résultantes des mêmes lois ; ainsi que l'a déclaré M. *Portalis*, dans son Rapport à la Chambre des Pairs.

« Votre commission, dit-il, aurait désiré que l'ar-
» ticle eût dit en termes exprès, que la prescription
» n'avait pu courir contre les créanciers d'un émi-
» gré, durant le temps de l'émigration de son débi-
» teur ; mais elle a été unanimement d'avis que le
» texte de la loi le disait implicitement, et qu'il y
» avait lieu d'ailleurs à l'application de cette maxime
» de droit : *Contra non valentem*......»

§. I I.

Quant aux arrérages de la rente, il est bien vrai que l'art. 2277 du Code civil déclare sujet à la prescription de cinq ans, les arrérages mêmes des rentes *viagères*.

Mais il ne s'agit point ici d'arrérages courus depuis la promulgation de cette loi ; mais bien d'arrérages courus antérieurement, depuis 1770 jusqu'en 1804.

Le titre du Code civil sur la prescription n'a été promulgué qu'en mars 1804.

Or, avant le Code civil, c'était un point de jurisprudence constant, que les rentes viagères n'étaient point sujettes à la prescription de cinq ans ; les anciens arrêtistes sont univoques sur ce point.

On pouvait en réclamer jusqu'à vingt-neuf années, ainsi qu'à l'égard des rentes foncières, si le débiteur ne représentait pas de quittances.

Ici, on n'en réclame qu' treize années, qui, au décès du débirentier, formaient un capital de 65,000 fr.

La succession de M. de S.... est donc restée débitrice de ce capital.

§. I I I.

Mais on objecte, contre la validité de l'opposition formée à l'indemnité, qu'il résulte de l'art. 18 de la loi du 27 avril dernier, qu'il n'y a que les créanciers de capitaux, qui soient admis à former des oppositions ; et qu'ici il s'agit de la créance, non d'un capital, mais d'une masse d'arrérages accumulés.

C'est entendre on ne peut plus mal l'art. 18.

Tous créanciers quelconques sont admissibles à former opposition à la délivrance de l'indemnité, d'après le principe élémentaire : qu'un débiteur est tenu de payer, *sur tous ses biens quelconques, meubles et immeubles, présens et à venir.* (C. C., art. 2092.)

L'art. 18 n'a parlé que des créanciers *porteurs de titres antérieurs à la confiscation.* Pourquoi? parce qu'il voulait établir une grande différence entre eux, et ceux par titres postérieurs ; différence consistante en ceci seulement : que les créanciers porteurs de titres antérieurs, ne pourront réclamer que leur capital, sans intérêts; tandis que les créanciers par titres postérieurs pourront former opposition, tant pour le capital que pour les intérêts.

Et pourquoi les créanciers par titres antérieurs à l'émigration, ou plutôt à la confiscation, ne sont-ils admis que pour le capital ? Parce que, faute de s'être fait liquider en temps utile, ils étaient tombés en déchéance, et que la loi nouvelle ne les relève de cette déchéance, que pour le capital seulement, et non pour les intérêts.

On ne les relève que pour le capital seulement; et cela était juste, dit M. *Pardessus*, puisque l'Etat ne rend aux anciens propriétaires, qu'un capital, sans restitution d'aucuns fruits.

Ici, il s'agit bien d'une créance par titre antérieur à la confiscation ; mais on ne réclame aussi qu'un capital, ou qu'une fraction de capital, et sans intérêts.

En effet, de tout temps, on a considéré les annuités des rentes viagères, non comme des fruits ou intérêts du capital fourni, mais comme des fractions de ce capital même, qui se remboursent d'année en année; c'est pourquoi le créancier ne peut jamais, pour défaut de paiement de plusieurs années, exiger le remboursement entier de ce capital, dont il a déjà été payé des fractions; ainsi qu'on peut le faire pour une rente constituée en perpétuel, quand le débiteur a manqué de la servir pendant deux années.

§. I V.

Mais, sur la quatrième question , consistant à savoir si les héritiers S.... pourront se libérer du montant de la créance, en abandonnant une somme égale en rente 3 pour 100 sur le grand-livre;

L'affirmative nous paraît indubitable, d'après ces termes exprès de l'art. 18 :

« Les anciens propriétaires , ou leurs représen-
» tans , auront droit de se libérer des causes de ces
» oppositions, *en transférant auxdits créanciers,*
» *sur le montant de la liquidation en rente 3 pour*
» *100, un capital nominal égal à la dette ré-*
» *clamée.* »

On objecte que la créance dont il s'agit n'a pris naissance qu'*à compter de chaque écheance d'arrérages;* qu'ainsi, les arrérages *antérieurs à la confiscation* sont les seuls qui pourraient être remboursés en 3 pour 100; et non les arrérages échus postérieurement, lesquels doivent rester dans la classe des créances ordinaires.

Nous ne pouvons admettre ce système; il est repoussé par les termes exprès de l'art. 18 :

« *Les créanciers porteurs de titres antérieurs à la confiscation.....* »

Ici, vous vous présentez, bien certainement, avec un *titre antérieur à la confiscation*; et vous avez formé opposition *en vertu de ce titre.*

Donc, vous est applicable, cette disposition du même article: — «Les anciens propriétaires ou leurs représentans *auront droit de se libérer, en trans- férant*, etc.»

Comment, d'ailleurs, concilier cette distinction, que vous faites, entre les arrérages échus avant la confiscation, et ceux échus après; avec le principe invoqué par vous-même, que les sommes à payer annuellement par forme de rente viagère, sont censées des fractions du capital originairement versé aux mains du débiteur de la rente; et dont il est débiteur dès l'instant qu'il a signé le contrat?

Par l'ancien Jurisconsulte soussigné,

A Paris, 15 juin 1825.

G....

~~~~~~

QUESTION D'EXTRANÉITÉ,

SOUS LE RAPPORT DU DROIT A L'INDEMNITÉ.

M. le baron de G...., né en Savoie, et dont le père était attaché à la personne du dernier Roi de Sar-
~~~~~~

daigne, épousa, en 1785, Mademoiselle de Saint-P...., dont les père et mère demeuraient en Dauphiné.

Par suite de cette alliance, il acheta une terre près de la ville de Romans, où il faisait sa résidence la plus habituelle. Mais, lorsque survinrent les excès de la révolution, il crut prudent de se retirer en Suisse, et de là en Allemagne.

Il fut alors considéré comme émigré ; et, en conséquence, sa terre de Dauphiné fut mise sous le séquestre révolutionnaire, puis vendue en totalité.

Sous le Gouvernement impérial, M. le baron de G..... rentra en France, et continua d'y vivre dans la famille de son épouse. Non-seulement il payait toutes les contributions, mais il remplit même plusieurs fois des fonctions publiques, telles que celles d'officier municipal, d'électeur, de juré.

Depuis la séparation de la Savoie d'avec le territoire de France, il a continué de faire sa demeure la plus ordinaire en Dauphiné, dans une terre de son épouse, héritage de ses père et mère. Mais, en même temps, il n'a pas cru pouvoir se refuser à accepter près de S. M. le Roi de Sardaigne, un poste militaire important qui lui fut offert : il est capitaine d'une compagnie de ses gardes ; ce qui ne l'oblige qu'à une résidence de trois mois, par chaque année, en la ville de Turin.

C'est dans ces circonstances qu'il demande s'il est admissible à réclamer indemnité, pour raison de la terre qu'il possédait, et qui a été vendue à son préjudice pendant la révolution.

La solution de cette question dépend uniquement du point de savoir si M. le baron de G..... est *Français* ? Si la qualité de *Français* lui appartient en ce moment ?

Car ce n'est qu'en faveur des individus *Français*, actuellement Français, que l'indemnité a été consentie.

Ceux qui ne l'ont jamais été, ou qui l'ayant été, ont cessé de l'être, ne peuvent prétendre à cette indemnité.

Les articles 1er. et 7 de la loi du 27 avril sont positifs sur ce point.

« Trente millions.... sont affectés à l'indemnité
» due par l'Etat *aux Français* dont les biens-fonds,
» situés en France, etc.... (Art. 1.)

» Seront admis à réclamer l'indemnité, l'ancien
» propriétaire, et à son défaut, *les Français* qui
» étaient appelés par la loi, ou par sa volonté, a le
» représenter à l'époque de son décès.... »

L'ordonnance royale du 1er. mai n'est pas moins expresse; et c'est pour que cette condition fondamentale ne puisse être éludée, qu'elle prescrit impérativement à tout demandeur, de joindre à sa pétition, *un extrait de son acte de naissance en due forme.* (Art. 7 et 8.)

Voyons donc si M. le baron de G..... peut justement prétendre avoir été et être encore *Français*.

D'abord, nul doute qu'il n'est pas né Français; puisqu'il convient, au contraire, être né en Savoie, de père et mère Savoyards (ou Savoisiens), à une époque où ce pays ne faisait nullement partie de la France.

Mais nul doute aussi qu'il ne soit *devenu Français* à l'époque de la révolution, en vertu de cet art. 3 du tit. 3 de la Constitution de 1791, ainsi conçu :

« *Ceux qui, nés hors du Royaume, de parens*
» *étrangers*, RÉSIDENT EN FRANCE, DEVIENNENT
» FRANÇAIS, *après cinq ans de domicile continu*
» *dans le Royaume; s'ils y ont, en outre, acquis*
» *des immeubles, ou épousé une Française*, ou
» formé un établissement d'agriculture ou de com-
» merce, et s'ils ont *prêté le serment civique*. »

A l'époque où cette disposition constitutionnelle fut proclamée, M. le baron de G.... avait sa résidence en France depuis plus de cinq ans; il avait épousé une Française; il avait acheté un immeuble; et il est à présumer qu'il prêta le serment civique.

Cet article lui était donc applicable.

Il fut si bien considéré comme *Français*, à partir de cette époque, qu'on lui appliqua les lois qui faisaient défenses aux Français de sortir de France sans permission; que pour en être sorti sans autorisation, il fut porté sur la liste des émigrés ; et que c'est pour cause de cette prétendue émigration, que sa terre fut confisquée et vendue.

Les différens décrets sur l'émigration ne comprenaient sous le nom d'émigrés, que *les Français de l'un et de l'autre sexe* qui avaient quitté le sol français depuis le commencement de la révolution. Voyez notamment l'art. 6 du fameux décret du 28 mars 1793.

En l'an 8 (1800), lorsque s'établit le Gouvernemant dit *consulaire*, il fut encore plus facile aux étrangers d'acquérir la qualité de *Français*.

Dans l'*Acte* dit *constitutionnel* de ce Gouvernement, publié sous la date *du 22 frimaire an 8*, on inséra l'article suivant :

« *Un étranger devient citoyen français*, lors-
» qu'après avoir atteint l'age de vingt-un ans ac-
» complis, et avoir *déclaré l'intention de se fixer*
» *en France*, il y a *résidé pendant dix années*
» *consécutives.* »

Ainsi, suivant cette loi de l'an 8, il n'était même plus nécessaire, à un étranger, pour devenir Français, d'acheter un immeuble, ni d'épouser une Française, ni de prêter le serment civique ; il lui suffisait de faire une *déclaration* de l'intention où il était de se fixer en France, et d'y demeurer, en effet, pendant *dix années consécutives*.

Donc, si M. le baron de G..... ne s'était pas trouvé Français à l'époque de cette loi, il le serait certainement devenu en vertu de sa disposition; puisqu'il a continué de demeurer en Dauphiné, pendant bien plus de dix ans, puisqu'il y a rempli plusieurs fois, et pendant long-temps, des fonctions publiques, dont l'exercice supposait manifestement et nécessairement l'intention de se fixer en France.

Mais la qualité de Français n'eût-elle pas été acquise à M. le baron de G....., soit en vertu de la Constitution de 1791, soit en vertu de celle de l'an 8, il fût encore devenu Français, sous un autre rapport; savoir : par le seul fait de la réunion de la Savoie à la France; réunion qui eut lieu par décret du 27 septembre 1792, et qui a duré jusqu'à la fin de 1815.

Ici s'ouvre un autre ordre de choses.

Si M. le baron de G..... n'était devenu Français que par le seul effet de cette réunion de territoire, il serait redevenu étranger, à l'instant où la Savoie fut distraite de la France.

Et sa condition serait régie par la loi suivante :

Loi du 14 octobre 1814, concernant les habitans des pays détachés de la France.

Art. 1. « Tous les habitans des départemens qui avaient été réunis au territoire de la France depuis 1791, et qui, en vertu de cette réunion, se sont établis *sur le territoire actuel de la France*, et y ont résidé, sans interruption depuis dix années, et depuis l'âge de 21 ans; sont censés avoir fait la déclaration exigée par l'art. 3 de la loi (constitution) du 22 frimaire an 8; à la charge par eux de déclarer, dans le délai de trois mois à dater de la publication de ces présentes, qu'ils persistent dans la volonté de se fixer en France. — Ils obtiendront, à cet effet, de Nous, des *lettres de déclaration de naturalité ;* et ils pourront jouir, dès ce moment, des droits de *citoyens français* ... »

ART. 2. « Ceux qui n'ont pas encore dix années de résidence réelle dans l'intérieur de la France, acquerront les mêmes droits de citoyens français, le jour où leurs dix ans de résidence seront révolus; à charge de faire, dans le même délai, la déclaration susdite. »

ART. 3. « À l'égard des individus, *nés, et encore domiciliés* dans des départemens, qui, après avoir fait partie de la France, en ont été séparés par les derniers traités; nous pourrons leur accorder la permission de s'établir dans notre royaume ; et *d'y jouir des droits civils.* — Mais ils ne pourront exercer ceux de *citoyens français*, qu'après avoir fait la déclaration prescrite, après avoir rempli les conditions imposées par la loi du 22 frimaire an VIII, et avoir obtenu de Nous des lettres de déclaration de naturalité. »

Comme on le voit, cette loi, uniquement relative aux habitans des départemens réunis, puis détachés de la France, les distingue en deux classes ou cathégories:

1°. Ceux qui, par suite des réunions, se sont établis, et qui demeurent encore *sur le territoire actuel de la France ;*

2°. Ceux qui sont restés domiciliés dans les pays momentanément réunis, puis séparés de la France.

A l'égard des premiers, ils pourront rester français, et jouir de tous les droits de *citoyens français ;* mais, à la charge de prendre des *lettres de déclaration de naturalité,* lesquelles leur seront accordées sans difficulté, en déclarant qu'ils persistent dans la volonté de se fixer en France.

A l'égard des seconds; s'ils veulent simplement résider en France, et y jouir des *droits civils,* cette permission leur sera accordée par des lettres dites *de domicile.* S'ils veulent devenir tout-à-fait *citoyens français,* et jouir des droits politiques attachés à cette qualité, ils seront tenus de prendre des lettres *de naturalisation.*

Chacun sait qu'il y a une notable différence entre l'état d'un étranger simplement admis à prendre domicile en France, et à y jouir des *droits civils ;* et l'état d'un étranger naturalisé français, admis à exercer les droits de *citoyen français.*

Le premier conserve toujours la qualité d'étran-

ger, et jouit simplement des *droits civils*, en France,
tant qu'il y réside; *droits civils* qui ne sont pas les
mêmes que les *droits de citoyen*.

Le second seul devient véritablement *citoyen français*, et jouit des droits *civiques*, ou *de cité*; lesquels
sont quelque chose de plus que les simples *droits
civils*.

Or, M. le baron de G..... a-t-il obtenu des lettres
de naturalisation, en vertu de la loi ci-dessus ?

Rien ne l'indique dans sa note; et il n'en avait
nul besoin.

Remarquez bien, en effet, que la loi de 1814 n'as-
sujettit à prendre des lettres de naturalisation, que
les individus qui n'étaient venus s'établir dans l'intérieur de la France, qu'après la réunion de leur
pays, et en vertu de cette réunion.

« Tous les habitans des départemens qui avaient
» été réunis au territoire de la France depuis 1791,
» *et qui*, EN VERTU DE CETTE RÉUNION, *se sont
» établis, etc..... »

Ainsi qu'on l'a vu plus haut, M. le baron de G....
avait transféré son domicile en France, dès 1785,
avant la réunion de la Savoie, qui n'eut lieu qu'à la
fin de 1792.

Lorsqu'arriva cette réunion, déjà il était investi de
la qualité de citoyen français, en vertu de l'art. 3 du
titre 2 de la Constitution de 1791.

Cette qualité lui avait été confirmée par la Constitution de l'an 3 , dont l'art. 10 était la répétition de celui de 91.

Cette qualité lui avait encore été conférée, de plus fort ; par la Constitution de l'an 8.

Aucune de ces trois constitutions, ni aucune des lois contemporaines ne prescrivaient de lettres de naturalisation.

Ce ne fut qu'en 1808 , par un Sénatus-consulte du 19 février , que le Gouvernement d'alors jugea convenable de rétablir l'usage des *lettres de naturalisation*; mais pour le cas seulement où il voudrait conférer à un étranger, sans l'accomplissement des conditions prescrites par la constitution, la jouissance des droits de citoyen français.

La conséquence à tirer de tout ce qui vient d'être exposé, c'est que M. le baron de G..... était certainement investi de la qualité de *citoyen français*, lorsque la Restauration est arrivée ; lorsque les Gouvernemens légitimes de France et de Sardaigne ont été reconstitués ; lorsque le Royaume de France a été restreint à ses anciennes limites.

Mais reste à savoir si depuis il n'a pas perdu cette qualité.

« ***La qualité de Français se perdra*** (répond l'ar-» ticle 17 de notre Code civil) 1°. par la naturalisation acquise en pays étranger ; — 2°. par l'accep-

» tation, non autorisée par le Gouvernement, de
» fonctions publiques conférées par un Gouverne-
» ment étranger, etc. »

Les Constitutions de 1791, de l'an 3 et de l'an 8,
avaient déjà prononcé cette déchéance, à peu près
dans les mêmes termes.

De l'aveu de M. le baron de G....., depuis la restauration du Royaume de Sardaigne, il s'est attaché
à la personne de SA MAJESTÉ SARDE, de la manière
la plus intime.

Il a accepté la place de capitaine d'une compagnie de ses gardes.

Il est par conséquent devenu l'un de ses premiers
sujets.

Il lui a prêté nécessairement serment de fidélité
et de dévouement.

Il a promis de le servir et défendre contre la
France même, si une guerre venait à éclater entre
les deux Couronnes.

Par l'acceptation de cette place, M. le baron de
G.... a donc cessé d'être français.

Il a abdiqué sa patrie adoptive, pour retourner à
celle où il était né.

Peu importe qu'il ait continué de résider en France
pendant la plus grande partie de l'année.

On ne peut avoir deux Patries à la fois.

On ne peut appartenir à deux Gouvernemens différens.

(180)

Ce n'est qu'autant qu'il aurait pris préalablement l'autorisation expresse du Monarque français, qu'il eût en conséquence promis de ne jamais porter les armes contre la France, qu'il pourrait prétendre avoir conservé la qualité de citoyen français.

Mais rien n'annonce qu'il ait pris cette autorisation.

Rien n'annonce qu'il ait mis aucune restriction au serment qu'il a dû nécessairement prêter à Sa Majesté Sarde.

S'il est ainsi, s'il a négligé de prendre aucune autorisation du Gouvernement français, il est grandement à craindre que lorsqu'il se présentera à ce même Gouvernement, pour réclamer l'indemnité de sa terre du Dauphiné, révolutionnairement vendue, on ne lui oppose qu'il n'est point admissible; que par l'acceptation non-autorisée d'une place qui l'attache si étroitement à un Prince étranger, il est devenu étranger lui-même; qu'il a volontairement abdiqué la qualité de *Français*, qui pouvait lui être précédemment acquise; et que la loi du 27 avril dernier n'admet à l'indemnité que les sujets *Fran-çais*; que ceux qui non-seulement étaient Français au moment de la vente de leurs propriétés, mais qui le sont encore aujourd'hui.   G.....

Nota. — *D'autres Questions, non moins importantes, se-ront traitées au Cahier suivant.*

RÉSUMÉ DE DIVERSES DÉCISIONS ET EXPLICATIONS,

Données par S. Exc. le Ministre des Finances, en Réponse à des Questions à lui proposées par MM. les Préfets.

1. *Actes de naissance.* Les légataires sont assujettis, comme les héritiers du propriétaire dépossédé, à produire leurs actes de naissance.

Quand c'est une femme qui réclame, elle doit fournir celui de son mari, pour justifier qu'elle n'a point épousé un étranger.

En cas d'impossibilité absolue, il faut y suppléer, en suivant les règles établies par le Code civil.

2. *Les actes de naissance et de décès* doivent être produits en due forme. Ils ne sauraient être délivrés sur papier libre. Ils ne peuvent être assimilés à des actes sous seings privés.

3. Les décès arrivés en pays étrangers, doivent être constatés dans les formes propres à ces pays. (Art. 47 du Code civil.)

4. En cas d'impossibilité de se procurer les actes de décès, on pourra y suppléer par un acte de no-

toriété, dressé par le juge de paix du dernier domicile de la personne présumée morte, et homologué par le tribunal de l'arrondissement, à qui il appartient d'admettre ou de repousser la preuve par témoins, suivant les circonstances.

Quand les certificats d'admnistie relatent l'époque de la mort d'un ancien propriétaire, il doit être admis comme suppléant l'acte de décès.

5. *Les actes de notoriété* peuvent être indifféremment rédigés en brevet ou avec minute, au gré des parties. (Art. 20 de la loi du 25 ventose an 5.)

Ils peuvent être délivrés concurremment par les notaires et par les juges de paix.

6. *Les créanciers* sont admissibles à réclamer l'indemnité, au lieu et place de leur débiteur, suivant les règles du Droit commun.

7. Il doit être formé autant *de demandes en indemnité* qu'il y a eu de propriétaires frappés de confiscation. Un individu qui aurait une indemnité à réclamer de son propre chef, et une autre du chef de son auteur, ne doit pas cumuler ces deux demandes dans une même pétition.

8. Les co-intéressés à une même liquidation ne sont pas précisément tenus de s'unir pour former une demande collective; mais cette union est désirable, pour éviter de doubles démarches et des retards inévitables.

9. Pour qu'un héritier puisse demander et agir

pour ses co-héritiers, il est indispensable qu'il ait un mandat formel de leur part, et qu'il en justifie ; autrement, il est sans qualité, et ne peut agir que pour lui.

10. Toute demande parvenue à la Préfecture, doit être aussitôt portée sur le registre, encore qu'elle ne soit pas acccompagnée de toutes les pièces justificatives ; mais il ne sera procédé à la confection du bordereau, que lorsque les pièces justificatives auront été jointes.

11. Il est dans le vœu de la loi que les demandes soient faites et suivies par les Parties elles-mêmes. Mais on ne peut refuser d'inscrire une demande présentée par un fondé de pouvoirs, muni d'une procuration légale dont il justifie.

12. Les demandes en indemnité sont comprises dans l'exception faite par l'art. 61 de l'ordonnance, relative au timbre.

La même exemption s'applique à tous actes sous seings privés tendant uniquement à la liquidation de l'indemnité, aux extraits de procès-verbaux d'estimation et d'adjudication délivrés par les Administrations ; à tous les actes de la Commission ; mais non aux extraits des registres de l'état civil, aux actes des notaires, et autres actes publics et authentiques, qui ne peuvent être délivrés que dans les formes prescrites en cette partie.

13. Il est bien entendu que dans les cas où l'ou-

verture de la succession est toute prouvée par des actes authentiques, il n'y a pas lieu d'exiger la production de l'acte de décès de l'individu au nom duquel on réclame l'indemnité.

14. Dans le cas d'insuffisance des pièces jointes à la pétition, c'est tout simplement le cas d'écrire aux réclamans de compléter leur production, sans leur renvoyer la pétition même, qui doit toujours demeurer et être regardée comme acte conservatoire, pour prendre date, et empêcher la prescription.

15. C'est toujours au Préfet *de la situation actuelle des biens*, que doit être adressée la demande en indemnité ; quand même ils auraient fait ci-devant partie d'un autre département.

16. Biens ci-devant affectés à des *sénatoreries* ou à *la Légion d'honneur*, sans estimation préalable, ou à la *Caisse d'amortissement*, et ensuite vendus aux enchères, suivant le mode prescrit par la loi du 5 ventôse an 12 : comment devra s'en régler l'indemnité ? — Renvoi aux articles 16 et 17 de la loi du 27 avril, et à l'art. 28 de l'ordonnance.

17. *Héritiers* et autres représentans de l'ancien propriétaire, doivent-ils aussi prouver leur *identité* par un *acte de notoriété ?* — Cette identité doit presque toujours résulter des actes exigés par les artiles 8, 9 et 10. Si cependant il y avait sujet d'en douter, les Préfets peuvent en exiger la justification par telles pièces qu'ils jugeraient nécessaires ; et si la

demande était collectivement formée par plusieurs héritiers domiciliés dans divers départemens, chacun d'eux peut faire constater son *identité* par le juge de paix de son domicile.

18. Si l'acte d'identité est délivré en *brevet*, il est signé du juge de paix. S'il est dressé en minute, c'est le greffier qui en délivre l'expédition et qui la signe. Dans l'un et l'autre cas, si l'acte est destiné pour un département autre que celui du juge de paix, sa signature, ainsi que celle de son greffier, doit être légalisée par le président du tribunal d'arrondissement. La minute et l'expédition demeurent soumis au timbre et à l'enregistrement ordinaires.

19. La simple mention d'un décès ou d'une naissance, faite dans un autre acte de l'état civil, ne saurait suppléer l'acte de ce décès ou de cette naissance. Il en serait autrement, si un extrait de l'acte de naissance ou de décès se trouvait textuellement relaté dans un acte notarié. (*V*. le n°. 12 ; ci-devant.)

20. Les testamens, donations et actes de partage qui n'auraient pas été timbrés ni enregistrés dans les délais prescrits, devront nécessairement être revêtus de cette formalité, pour être produits à l'appui d'une demande d'indemnité ; et si le double droit ou l'amende sont encourus, on ne pourra en être relevé que par le Ministre, près duquel les parties devront se pourvoir à cet effet.

21. Toute demande en indemnité doit contenir la

déclaration que le réclamant est ou n'est pas rentré dans la possession des biens : règle absolue et sans exception. (Art. 6 de l'ordonnance.)

22. Les *procurations sous seings-privés* doivent nécessairement être sur papier timbré et enregistrées. De plus, la signature du mandant doit être légalisée, ou par un notaire, ou par le maire de sa commune; et dans ce dernier cas, la signature du maire doit elle-même être légalisée par le Préfet, si cette procuration doit être employée hors du département

23. L'art. 61 de l'ordonnance dispense bien de la formalité du timbre, les actes des administrations qui seront à produire; mais cette exemption ne peut s'étendre au *droit de double expédition*, qui est un droit faisant partie des fonds départementaux.

23. Lorsqu'il y aura plusieurs ayans-droit à la liquidation de l'indemnité due au même propriétaire, et qu'ils ne se seront pas réunis pour réclamer, il faudra bien que MM. les Préfets fassent faire une copie du bordereau général qui aura servi au bordereau particulier dressé sur la réclamation de chaque partie, puisque ce bordereau général doit être discuté par tous ceux qui y ont intérêt, et qu'il détermine la quotité des répétitions de chacun.

25. *Déductions.* Devra-t-on déduire de l'indemnité, les rentes dues par l'ancien propriétaire, à des établissemens religieux supprimés ? — Oui; puisque c'est une charge qui se trouve anéantie au profit de

l'ancien propriétaire, par le fait de l'État; et l'on ne voit pas de différence entre une rente ainsi éteinte, et une dette payée.

26. Des porteurs de procuration ont pris la voie de faire notifier aux Préfets, par ministère d'huissier, la réquisition de faire procéder dans un bref délai à la liquidation de l'indemnité due à leurs commettans. Forme illégale et inadmissible, puisqu'il suffit d'une simple pétition, sans frais, remise ou adressée à la Préfecture, et que d'après l'art. 16 de l'ordonnance, des extraits du registre d'inscription de toutes les demandes sont délivrés à toutes personnes y ayant intérêt.

27. *Créanciers.* Peuvent-ils, indépendamment de leur opposition formée au Ministère des Finances, sur l'indemnité due à leur débiteur, former et instruire eux-mêmes la demande en liquidation de cette indemnité? Leur demande peut être reçue provisoirement, pour mettre la créance à l'abri de la déchéance. Mais, cela fait, il convient de suspendre l'instruction de la liquidation jusqu'à ce que le créancier justifie du consentement ou de l'abandon à lui fait par l'ayant droit à l'indemnité, ou qu'il rapporte un jugement qui l'autorise à poursuivre la liquidation en son lieu et place.

28. *Avis du Préfet.* Doit être donné séparément de celui du Conseil de préfecture, quand il y a dissentiment entre lui et le conseil.

29. Relativement aux biens vendus d'après la loi du 28 ventose an 4, et dont l'indemnité devra être réglée sur un capital formé de dix fois le revenu de 1790, lorsqu'il y aura eu vente de baliveaux sur taillis et d'arbres épars, non compris dans le bail, il y aura lieu de prendre *la vingt-deuxième partie* du prix de ces arbres, et de la réunir au prix annuel du bail, pour en composer le revenu, dont le capital, au denier dix-huit, servira de base à l'indemnité.

30. Lorsque des héritiers se présentent aux droits de leur auteur, ils ne sont nullement tenus de fournir un certificat attestant qu'il est mort sans faire de testament. C'est aux héritiers testamentaires, s'il en existe, à se faire connaître, et à produire le testament.

31. Au cas de plusieurs héritiers réclamant du chef de l'ancien propriétaire dépouillé, si la portion d'indemnité revenante à chacun d'eux n'excède pas 250 fr. de rente, l'inscription en aura lieu à son profit, en totalité, sans division par cinquième d'année en année; encore bien que le montant de la liquidation faite au nom de l'ancien propriétaire, pour le total des biens vendus sur lui, surpasse de beaucoup ce taux de 250 fr.

32. Dans les cas où l'indemnité doit être réglée d'après les prix de vente, la loi prescrit de réduire les papiers reçus en paiement, sur l'échelle de dépréciation pour les assignats et les mandats; et sur le *ta-*

(189)

bleau des cours pour les autres effets, tels que *bons de deux tiers*, *bons du tiers consolidé*, *inscriptions*, etc. Or, on a observé que ces effets se trouvaient quelquefois cotés le même jour, à plusieurs cours différens. Alors on devra réduire la valeur de ces papiers donnés en paiement, *d'après le cours le plus élevé au jour du versement*.

33. Le dernier paragraphe de l'art. 6 de l'ordonnance du 1er mai veut que toute demande en indemnité soit appuyée des titres et pièces nécessaires pour établir la qualité d'ayant droit à l'indemnité.

L'art. 7 détermine quelles seront ces pièces, quand l'indemnité sera réclamée par l'ancien propriétaire lui-même.

L'art. 8, quelles seront celles que devront produire les Français appelés par la loi ou par la volonté de l'ancien propriétaire, à le représenter à l'époque de son décès.

Enfin, les articles 9, 10, 11, 12, 13, 14 et 15 du titre 2 de l'ordonnance précitée, indiquent les pièces à fournir dans les différens cas prévus, soit par les Françaises veuves ou descendantes d'émigrés, déportés ou condamnés révolutionnairement, ou par leurs enfans; soit par les ascendans d'émigrés acquéreurs de la portion de leurs biens-fonds attribuée à l'État par le partage de présuccession, ou par leurs héritiers qui auront supporté la perte, soit par les légitimaires ou leurs représentans, soit par l'an-

cien propriétaire rentré en possession des biens confisqués sur lui, ou par ses héritiers.

S'il est toutefois reconnu que la production des
titres et pièces indiqués par ces articles soit insuffi-
sante pour établir la qualité d'ayant-droit à l'indemnité, MM. les Préfets ont la faculté et le devoir de
réclamer telle autre pièce qu'ils estimeraient nécessaire pour prévenir les doubles emplois et les erreurs
dans la confection des bordereaux : toute latitude
leur est laissée à cet égard, ainsi qu'aux parties elles-
mêmes, pour arriver à compléter, autant que possible, l'établissement des droits et qualités des réclamans.

34. En l'an 5, une ascendante dut justifier d'une
manière probante, à l'administration, pour rentrer
dans des biens séquestrés et non vendus, qu'elle
était veuve de M....., et habile à se dire, selon la législation du temps, unique héritière de sa fille, née
de ce premier mariage et prédécédée.

Elle réclame aujourd'hui, au même titre, l'indemnité résultant de la vente qui fut faite révolutionnairement d'une petite portion de marais salans, et
rappelle dans sa demande les justifications qu'elle fit
en l'an 5, et qu'elle ne croit pas nécessaire de re-
produire, puisque sa position est absolument la
même.

Les pièces n'ont point été retrouvées ; mais l'arrêté de l'ex-administration centrale les ayant relatées

avec un soin presque minutieux, on a cru qu'il suf-
firait d'en joindre une copie régulière à la demande
de la réclamante, pour mettre le directeur des domaines à même de dresser le bordereau, lorsqu'il serait en mesure de le faire.

Le directeur des domaines a objecté que cet arrêté ne pouvait suppléer à la présentation des pièces
elles-mêmes. L'objection est fondée; mais il serait
aussi trop rigoureux qu'un acte régulier, où se
trouve relatée avec soin la série de titres d'où résulte
un droit qui a été reconnu et exercé, ne pût suppléer
devant l'administration à l'absence de ces titres, et
qu'un directeur ne pût, sur la production d'un acte
semblable, procéder à la formation du bordereau de
l'indemnité réclamée.

Les certificats d'amnistie qui relatent l'époque de
la mort d'un ancien propriétaire dépossédé, m'ayant
déjà paru pouvoir être admis pour suppléer à l'acte
de son décès, j'ai pensé, par analogie, que l'arrêté
en question pouvait suppléer à la présentation des
pièces elles-mêmes : c'est au directeur à faire, d'a-
près l'art. 33 de l'ordonnance, telles observations qu'il
jugera convenables sur les pièces produites par les
parties, et sur les qualités qu'elles ont prises; observations qui seront d'abord pesées en conseil de préfecture, et appréciées ensuite par la commission de
liquidation.

Dans des cas analogues, vous pourriez donc admettre , M. le Préfet , pour suppléer à des pièces ; l'arrêté d'une administration centrale, dans lequel on les aurait exactement relatées.

Cependant, vous ne devez jamais perdre de vue que toute demande doit être appuyée des titres et pièces nécessaires pour établir la qualité d'ayant-droit à l'indemnité, dans les différens cas prévus par l'ordonnance du 1er. mai, à laquelle il est tout-à-fait dans l'intérêt des réclamans de se conformer scrupuleusement, pour ne pas les exposer à des retards qui seraient inévitables si leur production était incomplète.

35. Il paraît qu'antérieurement à la publication de la loi du 27 avril dernier, des ayant-droit à l'indemnité se sont laissé séduire par des agens d'affaires, qui leur ont fait souscrire des cessions de leurs droits presque gratuites, ou d'autres marchés on ne peut plus désavantageux. Ils ont demandé au Ministre de les faire relever de ces engagemens. — Le Gouvernement a fait tout ce qui était en son pouvoir pour les prémunir contre ces surprises. Si, nonobstant ses avertissemens, ils ont traité de leurs droits avec des agens peu délicats qui les ont trompés, ils ne peuvent en accuser que leur imprévoyance; il ne leur reste que leur recours aux tribunaux, en invoquant les articles 1109, 1116 et suivans du Code civil.

3ᵉᵐᵉ. SUPPLÉMENT

AU

MANUEL DE L'INDEMNITÉ

DES ÉMIGRÉS, DES CONDAMNÉS ET DÉPORTÉS.

NOUVELLES DÉCISIONS

DE S. EXC. LE MINISTRE DES FINANCES.

(Circulaire du 7 juillet 1825.)

Actes de Décès.

1ᵉʳᵉ. *Question*. — LES héritiers *ab intestat*, ou se présentant comme tels, sont-ils obligés de produire les actes de décès de toutes les parties intermédiaires, qui, *avant eux*, auraient eu droit de recueillir l'indemnité accordée au propriétaire dépossédé, ou qui, si elles vivaient, recueilleraient aujourd'hui, conjointement avec eux, une portion de cette indemnité ?

Réponse. — La production de tous ces actes est indispensable pour établir la filiation et le droit à

13

l'hérédité ; à moins toutefois que des actes authentiques, tels que partages ou inventaires, ne constatent le décès de l'ancien propriétaire et de ses premiers héritiers, ou leur renonciation.

Actes de notoriété.

IIe. Q. — L'acte de notoriété destiné à constater
l'identité d'un propriétaire dépossédé, peut-il être
dressé sur le témoignage d'individus non encore
nés, ou encore dans l'enfance, au temps de l'émigration du réclamant ?

R. — Les actes de notoriété ne sont, à proprement
parler, que *des certificats sur un point de
fait.* Les déclarations qu'ils contiennent seront appréciées par la Commission ; et je n'ai pas besoin de
faire observer que ces actes inspireront d'autant
plus de confiance, que les témoins se trouveront
dans une position à certifier plus pertinemment les
faits qui y sont relatés.

Du reste, l'Administration ne peut établir aucune
règle nouvelle relativement à la réception de ces
actes, qui restent soumis aux formalités ordinaires.

Identité.

IIIe. Q. — Est-il nécessaire que l'acte de notoriété constate que le réclamant est bien la même
personne que celle sur laquelle *tel* bien a été confisqué, pour *telle* cause, ou à *telle* date ? — Alors,
la pétition du réclamant, qui doit être adressée à
l'Autorité administrative, ne serait-elle pas aussi

utile au juge de paix, pour connaître si la déclaration des témoins porte réellement sur les biens réclamés ?

R. — Cet acte doit nécessairement énoncer l'identité du réclamant avec le propriétaire de tel domaine confisqué. Mais il ne paraît pas également indispensable que la cause et la date de la dépossession y soient relatées, puisqu'il ne s'agit que de constater l'identité.

Quant à la pétition, elle ne doit être adressée qu'à l'Autorité administrative : c'est à elle qu'il appartient d'examiner si ces biens, pour lesquels l'indemnité est réclamée, sont les mêmes que ceux relatés dans l'acte de notoriété dressé par le juge de paix.

Sur le même Sujet.

IVᵉ *Q.* — A défaut de titres pour constater la propriété des biens vendus sur des émigrés dont les prénoms sont omis, ou incomplets, ou transposés, dans les ventes administratives, les réclamans ont-ils, pour y suppléer, l'option de faire dresser des actes de notoriété par les juges de paix de leur domicile, ou par ceux de la situation des biens pour lesquels l'indemnité est due ?

R. — L'ordonnance du 1ᵉʳ. mai ayant indifféremment attribué, par son art. 7, au juge de paix de la situation des biens, ou à celui du domicile des ayans-droit, la faculté de dresser les actes de noto riété dont la production est nécessaire aux Parties, relativement à la constatation de l'identité, rien ne paraît s'opposer à ce que, dans les cas dont il s'agit, celles-ci profitent de l'option autorisée par l'ordonnance.

Identité.

V^e. Q. — Un ancien propriétaire qui possédait des biens dans plusieurs cantons d'un même département, doit-il produire, pour la justification de son identité, un acte de notoriété dressé par le juge de paix de chacun de ces cantons? ou lui suffira-t-il de produire un seul acte de cette nature établi par celui des juges de paix qu'il lui aura plu de choisir?

R. — Un seul acte de notoriété peut suffire pour la preuve de l'identité de l'ancien propriétaire dépossédé ; pourvu que cet acte soit reçu par le juge de paix de son domicile, et contienne l'attestation que le réclamant était réellement propriétaire de la totalité des biens confisqués sur lui, dénommés dans l'acte, et situés dans le même département. — Un acte qui serait reçu par le juge de paix de l'un des cantons de la situation des biens, ne serait valable que pour établir l'identité du réclamant relativement à cette partie de biens.

Actes de Notoriété.

VIe. Q. — Les témoins appelés devant un juge de paix, lors de la formation d'un acte de notoriété, feront-ils une simple déclaration; ou bien, cette déclaration sera-t-elle reçue sur la foi du serment?

Les parens des anciens propriétaires dépossédés peuvent-ils être admis comme témoins dans ces actes?

L'art. 7 de l'ordonnance donne-t-il au juge de paix *seul*, sans l'assistance de son greffier, le droit de recevoir les déclarations d'identité?

R. — L'ordonnance ne contenant à ce sujet aucune disposition spéciale, il faut se renfermer dans les limites de la législation existante, et ne pas établir des obligations ou des restrictions qu'elle n'impose pas. Ainsi, ce sont les formalités ordinaires aux actes de notoriété qu'il faut suivre.

Même Sujet.

VIIe. *Q*. — On a demandé s'il était nécessaire que, dans un acte de notoriété, le juge de paix certifiât lui-même les faits?

R. — Ce magistrat, en donnant un acte de notoriété, reçoit la déclaration des personnes qui attestent la vérité d'un fait; il ne doit donc pas le certifier lui-même.

Même Sujet.

VIIIe. *Q*. — Un légataire universel se présente devant un juge de paix et lui demande un acte de notoriété, constatant que le testateur n'a pas laissé d'héritiers à réserve.

Que fera ce magistrat?

R. — Il délivrera l'acte requis, d'après les attestations et justifications ordinaires ; car il ne peut refuser son ministère, et il n'est pas juge de l'usage que l'on pourra faire de l'acte qu'il reçoit.

Même Sujet.

IXe. *Q.* — A défaut d'inventaire ou d'actes établissant les qualités d'héritiers qui demandent à exercer les droits de leur auteur à l'indemnité, le juge de paix peut-il recevoir une déclaration qui constate le défaut de ces actes, et qui établisse les droits des réclamans?

Quelles seront alors les formes qu'il devra suivre?

R. — Par les motifs qui viennent d'être énoncés dans la solution précédente, le juge de paix délivrera l'acte, et se conformera, pour sa rédaction, aux formes déterminées par les lois. Les Préfets, et en définitive la Commission, jugeront si les productions sont suffisantes.

Actes sous seings privés. Enregistrement.

X^e. *Q.* — On a demandé si les articles 22 de la loi et 61 de l'ordonnance s'opposaient à ce que les actes sous seings privés, translatifs de propriété, et passés antérieurement à cette loi entre les acquéreurs de biens nationaux et les victimes de la confiscation de ces biens ou leurs héritiers, fussent enregistrés, moyennant un droit fixe de 3 fr., ou s'il devait être perçu le droit proportionnel relatif aux ventes ordinaires?

R. — Il est évidemment dans l'esprit de la loi, que, pendant cinq ans, toutes les transactions qui interviendront entre les anciens propriétaires et les possesseurs actuels de leurs biens, ou qui recevront un caractère légal, soient affranchies du droit proportionnel. Ainsi, l'art. 22 de la loi du 27 avril ne s'oppose pas à ce que les actes faits antérieurement à sa promulgation soient enregistrés, moyennant un droit fixe de 3 fr., comme ceux qui seraient faits postérieurement.

Actes sous seings privés.

XIe. *Q.* — Pour éviter le préjudice que la perte d'un sous seing privé, s'il venait à s'égarer, causerait à la personne qui doit le produire à l'appui de sa demande, ne lui serait-il pas possible de le retenir, en se contentant d'en fournir une copie certifiée par le Préfet ou par le Secrétaire général de la préfecture?

R. — La loi du 22 frimaire an 7 interdit à tout fonctionnaire public, comme à tout officier ministériel, de délivrer copie ou expédition, ou même de faire mention dans des actes administratifs, de tous actes sous seings privés qui ne seraient pas revêtus de la formalité du timbre ou de l'enregistrement, et qui, par leur nature, doivent y être assujettis.

Avis du Préfet.

XIIe. *Q*. — Les communications à faire aux réclamans, en exécution de l'art, 38 de l'ordonnance,
doivent-elles se borner à l'avis donné par le Préfet en conseil de préfecture (art. 35)? ou doivent-
elles s'étendre à celui qui interviendra sur les réclamations relatives à la lésion? (Art. 36.)

R, — La communication de ce second avis serait
inutile, puisque c'est après avoir eu connaissance
du résultat de la liquidation de l'indemnité à laquelle
elles avaient droit, que les parties ont rédigé leur
réclamation pour cause de lésion, et qu'elles l'ont
d'ailleurs appuyée de toutes les preuves et explications nécessaires,

Dans cet état de choses, il ne reste plus qu'à appeler la contradiction sur ces productions, qui
doivent être, en définitive, appréciées par la Commission. C'est le devoir imposé par l'ordonnance à
l'Administration centrale.

Créanciers.

XIIIe. *Q*. — Comment les créanciers d'un ancien
propriétaire ou de ses héritiers doivent-ils procéder,
dans le cas où leur débiteur négligerait de réclamer
la liquidation de sa part dans l'indemnité?

L'opposition qu'ils ont le droit de former à Paris,
empêchera-t-elle la prescription, pour la présentation de la demande en indemnité?

Comment interrompre la prescription, si l'opposition ne suffit pas ?

R. — L'art. 19 de la loi prononce la déchéance contre toutes les réclamations qui n'auraient pas été présentées dans les délais qu'il détermine.

On ne pourrait considérer comme une réclamation régulièrement faite, l'opposition signifiée à la délivrance d'une inscription. Si le créancier craint la négligence de son débiteur, il faut qu'il se mette lui-même en devoir de réclamer, dans la forme indiquée par la loi et l'ordonnance ; mais sa demande en indemnité ne sera qu'un acte conservatoire, et elle ne pourra être suivie de la liquidation, qu'autant qu'elle sera accompagnée du désistement de l'ayant-droit, ou, à son défaut, d'un jugement qui autorise le créancier à exercer les droits et actions du débiteur.

Créanciers, en même temps Héritiers dans une succession.

XIV°. *Q.* — Trois enfans ont également droit à l'indemnité, comme héritiers de leur père, ancien propriétaire émigré et dépossédé ; mais l'un d'eux était issu d'un premier lit, et les créances et reprises qu'il est fondé à exercer du chef de sa mère, absorberont, à peu de chose près, la totalité de l'indemnité.

Les deux enfans, instruits de cette circonstance,

paraissent déterminés à ne pas agir, parce qu'ils sont sans intérêt : que devra faire le troisième enfant ?

R. — Dans l'espèce, cet enfant doit se pourvoir en liquidation, et demander que l'indemnité lui soit allouée, d'abord comme héritier de son père pour un tiers, ensuite comme créancier de la succession, à raison des reprises et des créances qu'il a à exercer du chef de sa mère; sauf l'accomplissement des formalités indiquées dans la précédente solution.

Déclarations de Rachat.

XV°. *Q.* — Des biens confisqués et vendus ont été rachetés par un parent de l'émigré. Au retour de celui-ci, le nouvel acquéreur lui a proposé la rétrocession des mêmes biens; mais l'ancien propriétaire, par des motifs particuliers, a préféré que son parent fît revendre les domaines ; ce qui a eu lieu en effet, et le prix en a été versé entre les mains de l'émigré, qui maintenant présente sa réclamation, en déclarant n'être rentré en possession de tout ni de partie des biens dont il s'agit : comment liquidera-t-on la demande ?

R. — Si l'on peut administrer la preuve que le bien a été vendu pour le compte du propriétaire dépossédé, celui-ci devra être considéré comme rentré dans ses biens par personne interposée ; et dès-lors son indemnité sera liquidée en conformité de l'art. 4 de la loi.

Si cette preuve n'est pas acquise, il faut admettre pour exacte la déclaration affirmative qu'il aura faite, qu'il n'est rentré en possession de ses biens, ni directement, ni indirectement. Mais l'avis que le Préfet est appelé à donner en Conseil de préfecture, devra relater soigneusement toutes les circonstances de l'affaire, et contenir toutes les observations qui seraient propres à éclairer le jugement de la Commission.

Déclaration des biens confisqués et vendus.

XVIe. *Q.* — Comment les Préfets et les Directeurs des domaines pourront-ils s'assurer que les déclarations prescrites par les art. 13, 14 et 15 de l'ordonnance, ont été faites exactement ?

R. — Je me refuse à croire que les affirmations exigées des réclamans puissent être fautives ; mais si cela avait lieu, la notoriété publique mettrait bientôt sur la voie pour les rectifier. Les études des notaires sont d'ailleurs ouvertes aux préposés de la Régie de l'enregistrement et des domaines ; les rôles des contributions sont à la disposition de MM. les Préfets, qui ne manquent pas en outre de moyens pour s'assurer de la réalité des faits qui se sont passés dans leurs départemens.

Forme des Demandes en indemnité.

XVIIe. *Q.* — Les demandes en indemnité adressées aux Préfets, doivent-elles être en double expédition ?

R. — Cela n'est point nécessaire ; ni la loi, ni

l'ordonnance, n'imposent cette obligation aux réclamans.

Même Sujet.

XVIIIe. Q. — Ma circulaire du 5 juin, n°. 2, a établi, comme conséquence de l'art. 1er. de l'ordonnance du 1er. mai, que les prétendans-droit à l'indemnité ne pourraient cumuler, dans une seule et même demande, deux réclamations faites à des titres différens.

On a réclamé contre cette disposition; mais les motifs qui ont déterminé à prescrire la division des demandes en indemnité, faites à des titres différens, ne permettent pas de la rapporter.

J'observe toutefois que, de ce qu'on exige plusieurs demandes, on ne saurait conclure que les pièces à l'appui doivent être produites en double ou triple expédition, selon les cas, dans le même département.

Les réclamans, après avoir formé leurs diverses demandes distinctement, c'est-à-dire sur des feuilles séparées, pourront les réunir dans un seul dossier, à l'appui duquel ils joindront, en unique expédition, les pièces nécessaires à l'établissement de leurs droits. Ils remettront le dossier à la Préfecture, où il sera enregistré sous un seul numéro.

Ces demandes, ainsi réunies, seront envoyées au Directeur des domaines. Les liquidations diverses auxquelles le réclamant aura droit, pourront être ainsi opérées simultanément , quoique sur des bordereaux distincts.

On ne saurait néanmoins se dissimuler que, dans le cas où , afin d'éviter des doubles productions de pièces , les réclamans se seraient bornés à des justifications uniques , il pourrait suffire d'une seule contestation élevée au sujet de l'une de leurs demandes réunies , pour retarder la liquidation de toutes les autres. C'est donc à eux à juger, dans leur intérêt , quel est le mode de production qu'ils doivent préférer.

Mode de Liquidation.

XIX°. *Q.* — Le Directeur des domaines devra-t-il déterminer la portion revenant dans l'indemnité à chaque réclamant dans une même succession ? ou la liquidation devra-t-elle être faite en masse pour chaque dépossédé, sur la demande des héritiers ; sauf ensuite à eux à se régler comme ils aviseront ?

R. — Si les représentans de l'ancien propriétaire forment ensemble leur demande pour la liquidation d'une même succession , et qu'aucun fait à eux personnel ne soit de nature à modifier la liquidation faite au nom de l'ancien propriétaire : on doit se contenter du bordereau dressé au nom de l'ancien propriétaire , et liquider l'indemnité au nom collectif des représentans ; sauf à eux à la diviser comme ils aviseront.

J'ai eu déjà l'occasion de m'expliquer à cet égard.

Mais si, dans le nombre des héritiers, il en est qui,
par des circonstances qui leur sont particulières, ne
peuvent pas prétendre à exercer purement et simplement les droits afférens à l'ancien propriétaire,
il y aura lieu de dresser, pour chacun d'eux, un bordereau secondaire.

Enfin, il ne faut pas perdre de vue que les demandes ne doivent pas nécessairement être collectives, que chaque intéressé a le droit de réclamer;
et que par conséquent l'Administration a le devoir
de former des bordereaux, et de procéder à la liquidation, conformément à leur demande.

Domicile.

XX. *Q.* — Quelques ayans-droit à l'indemnité ont
demandé à être dispensés d'élire domicile dans le
département de la situation des biens confisqués, et
à recevoir, par exception, à leur domicile de fait,
communication de leurs bordereaux d'indemnité et
des pièces qui s'y rattachent.

R. — Cette demande ne peut être accueillie :
l'élection de domicile que prescrit l'art. 6 de l'ordonnance n'est pas purement facultative ; elle est obli-
gatoire, puisqu'elle repose sur la disposition de la
loi qui veut que la demande soit adressée au Préfet
de la situation des biens. Au moyen de cette élection
de domicile, MM. les Préfets seront toujours à portée
de faire constater régulièrement, chacun dans son
département, qu'ils ont exactement fait les commu-

nications prescrites par les art. 34, 38 et 49 de l'ordonnance, et qu'ils ont mis ainsi les parties en mesure de produire leurs mémoires et observations,
ou d'user de la faculté de se pourvoir au Conseil
d'Etat.

Cette élection de domicile dans le département
préviendra encore la perte des pièces, qui résulterait
inévitablement de leur envoi dans des lieux éloignés.

Ces explications me donnent lieu d'appeler l'attention de MM. les Préfets sur la nécessité de ne
faire aux ayans-droit les communications prescrites,
que par des notifications régulières ; et de constater
par des recépissés, la remise des pièces, la notification des décisions, et par conséquent les délais
dans lesquels les pourvois pourront être formés. La
simple transmission par lettres ne donnerait pas, à
cet égard, une garantie suffisante, et pourrait devenir le motif de contestations qui retarderaient la
marche de la liquidation de l'indemnité.

Femmes divorcées.

XXIe. Q. — Les femmes divorcées sont-elles réputées personnes interposées ?

R. — Aux termes du §. 3 de l'art. 4 de la loi du
27 avril, les ascendans, descendans ou femmes de
l'ancien propriétaire, sont réputés de droit personnes
interposées ; il ne peut en être de même de la femme
divorcée : néanmoins elle peut, aussi bien que toute
autre personne, être considérée comme interposée,

toutes les fois qu'il sera établi par des faits ou actes
de sa part , qu'elle n'a point agi pour son compte
personnel , mais bien pour celui de l'ancien propriétaire dépossédé.

Avis des Préfets sur la Lésion.

XXIIe. *Q.* — Quelques Préfets ont demandé si
l'avis distinct et séparé , par lequel l'art. 36 de l'ordonnance les appelle à faire connaître le résultat de
leur examen sur le mérite des réclamations pour cause
de lésion , concerne également les indemnisés compris dans l'une ou l'autre des deux catégories de l'article 2 de la loi.

R. — Le §. 3 de l'art. 2 de la loi ne laisse à cet
égard aucun doute ; il s'applique évidemment aux
deux catégories.

Q. — On a demandé en même temps quels seraient
les élémens à produire par les parties , à l'appui de
leurs réclamations pour cause de lésion ?

R. — C'est à celui qui prétend avoir éprouvé un
dommage , à se mettre en mesure de l'apprécier et à
en administrer la preuve ; cette preuve peut résulter
d'une multitude de faits particuliers qui ne sauraient
être tous prévus. L'ordonnance n'a pas pû , plus que
la loi , indiquer les élémens sur lesquels s'établirait
la conviction des Préfets , des Conseils de préfecture
et de la Commission.

Réclamations relatives à la Lésion.

XXIIIe. *Q.* — Quelques ayans-droit ont cru devoir,

en même temps qu'ils adressaient aux Préfets leurs demandes en indemnité, former leurs réclamations pour cause de lésion, et solliciter immédiatement une expertise contradictoire des biens dont ils ont été dépossédés, tant pour constater la lésion qu'ils éprouveront dans la fixation de l'indemnité qui leur revient d'après l'art. 2 de la loi, que pour établir leurs droits à la répartition des sommes qui resteront libres, et qui devront être employées à réparer les inégalités résultant des bases d'évaluation fixées par le même article.

R. — Les réclamations pour cause de lésion ne doivent pas être faites simultanément avec des demandes en indemnité.

L'art. 34 de l'ordonnance indique que ces réclamations doivent être présentées par les Parties, après la communication qui leur aura été faite du bordereau d'indemnité et de l'état du passif qui s'y trouverait mentionné. Ce n'est qu'alors, en effet, que les réclamans seront à portée de juger leur position.

Quant à la demande d'expertise contradictoire, il serait tout-à-fait contraire à l'esprit de la loi du 27 avril 1825, de procéder à une expertise contradictoire, hors le cas prévu par l'art. 17 de cette loi, soit pour vérifier les allégations des parties, soit pour appuyer les avis que vous auriez émis vous-même.

Mémoires adressés aux Préfets et au Ministère des finances.

XXIV°. Q. — Un arrêté ministériel du 13 mai 1824 porte : qu'en matière contentieuse, les mémoires adressés au ministère des finances et aux diverses administrations qui en dépendent, devront être signés des parties elles-mêmes, ou par des avocats aux Conseils du Roi et à la Cour de cassation. On a demandé à ce sujet si les observations et les réclamations qui seraient signées de fondés de pouvoir seraient reçues par les Préfets ; ou si, dans le cas où les réclamans ne les signeraient pas eux-mêmes, ils seraient tenus d'employer un avocat aux Conseils du Roi et à la Cour de cassation.

R. — L'arrêté précité n'est pas susceptible de recevoir son application relativement aux mémoires et observations que les réclamans auront à présenter aux Préfets, puisque les avocats aux Conseils ne sont établis qu'à Paris. A l'égard des observations qui me seraient adressées sur des points contentieux contre les avis des Préfets, il sera dans l'intérêt des ayans-droit de les faire rédiger par un avocat aux Conseils du Roi et à la Cour de cassation. Les discussions de cette nature ont besoin, pour être bien conduites, d'hommes expérimentés et habitués à ce genre d'affaires. C'est le motif de l'arrêté que j'ai pris en 1824, et qui avait été provoqué par une délibération de plusieurs comités réunis du Conseil d'Etat. Il est bien entendu que ces observations s'appliquent uniquement au cas où les parties ne croiraient pas devoir suivre par elles-mêmes leurs intérêts.

Passif à imputer sur l'indemnité.

XXV°. Q. — Les états détaillés que le ministère des finances a fait dresser, des créances payées à la décharge des anciens propriétaires dépossédés, et dont le montant doit être déduit sur le produit de la liquidation afférente à chacun d'eux, n'est établi qu'en simple expédition. Quelques Préfets ont demandé s'ils étaient tenus d'en remettre copie aux réclamans.

R. — Les états de passif envoyés à M. le Directeur général des domaines pourront être communiqués en minute, afin d'éviter à l'administration locale un surcroît de travail, et à la marche de la liquidation, des retards préjudiciables aux intérêts des parties. Les Préfets resteront nantis de l'état récapitulatif des bordereaux de passif.

Dans le cas où les co-intéressés à une liquidation ne se seraient point réunis pour réclamer, et où chacun d'eux demanderait en même temps à prendre connaissance des déductions faites sur l'indemnité qui les concerne, vous leur donneriez communication de l'énonciation du passif tel qu'il est porté sur l'état récapitulatif, et s'ils insistaient pour avoir l'expédition de l'état détaillé, vous devriez la leur fournir.

Enfin, si ce même état est applicable à plusieurs réclamans, vous devez en conserver la minute, et ne pas la joindre aux dossiers de liquidation qui me seront transmis.

Rentes viagères.

XXVIe. Q. — Les rentes viagères payées par l'État à la décharge des anciens propriétaires dépossédés, doivent-elles être précomptées sur le montant de l'indemnité ?

R. — Aux termes de l'art. 14 de la loi des 11 et 12 mars 1793, les rentes viagères devaient être acquittées de préférence à toute autre charge dont étaient grevés les biens confisqués. Tous les paiemens faits à ce titre par l'État doivent donc être imputés sur le montant de l'indemnité réclamée par les ayans-droit. Les créances de l'espèce ne sont pas des secours ; elles ne sauraient être mises au nombre de celles auxquelles peut être appliqué le bénéfice de l'art. 9 de la loi du 27 avril 1825.

Partages de présuccessions.

XXVIIe. Q. — L'ascendant d'émigré ne peut-il prétendre à l'indemnité que lorsque le partage de présuccession contient, en faveur de l'État, l'attribution spéciale d'un immeuble acquis par cet ascendant ?

Suffirait-il que la masse des biens provenant de l'ascendant qui ont été partagés entre lui et l'État, comprît des immeubles, et qu'il les eût conservés au moyen de soultes ou d'attributions mobilières à l'Etat ?

R. — Il est dû une indemnité dès l'instant que les biens-fonds ont été confisqués et vendus par l'Etat au préjudice des propriétaires ; et il n'en est pas dû, si la confiscation et la vente n'ont frappé que sur des meubles.

Il ne peut pas exister de difficulté lorsqu'il y a eu attribution spéciale d'un immeuble à l'Etat.

Lorsqu'il s'est trouvé des meubles et des immeubles, soit dans le lot attribué au domaine par le partage de présuccession, soit dans la masse des biens susceptibles d'être partagés, il est de toute nécessité, pour arriver à la fixation de l'indemnité, d'établir la quotité applicable aux immeubles.

Inscription des Demandes.

XXVIIIe. *Q.* — Quelques Préfets avaient demandé à ouvrir dans leurs bureaux deux registres au lieu d'un seul, pour y constater la réception des demandes en indemnité, afin de distinguer les réclamations dont les justifications seraient complètes, de celles qui ne le seraient pas.

R. — Cette proposition n'a pas été accueillie. La loi et l'ordonnance prescrivent la tenue d'un seul registre, sur lequel doivent être portées les demandes en indemnité qui vous sont adressées ; sauf à ne transmettre au Directeur des domaines, par ordre de présentation, que celles qui seront appuyées des pro-

luctions exigées, et à ne lui envoyer les autres qu'a-
près leurs justifications complètes.

Rachats faits par des héritiers.

XXIXe. Q. — Lorsque trois héritiers réclament
l'indemnité afférente aux biens de leur auteur, et
que deux de ces héritiers ont racheté à l'Etat la totalité de ces biens, tandis que le troisième n'a pris
aucune part à cette opération, la liquidation de l'indemnité doit-elle avoir pour base unique, et pour
les trois héritiers, le prix du rachat ; ou bien le troisième héritier est-il admissible à se faire liquider
pour son tiers, suivant les bases posées par l'art. 21
de l'ordonnance ?

R. — L'héritier rentré directement par rachat en
la possession des biens confisqués sur son auteur,
se trouve dans le cas de l'exception prévue par l'article 4 de la loi.

Quant à l'héritier qui n'y est pas rentré directe-
tement ou par personne interposée, il reste dans la
catégorie des ayans-droit dont le sort est fixé par
l'art. 2.

Rentes foncières.

XXXe. Q. — Quelques personnes propriétaires de
rentes foncières dont le capital a été remboursé à
l'Etat, se sont présentées pour être admises au partage de l'indemnité.

R. — La loi du 27 avril n'ayant consacré le droit

à l'indemnité que pour les propriétaires de biens-fonds confisqués et aliénés, les réclamations de la nature de celles dont il vient d'être question, ne peuvent être accueillies.

La loi fait une exception en faveur des portions légitimaires assises sur des biens-fonds ; mais cette exception n'a pas été étendue aux rentes foncières. *Ventes faites au-dessous du prix fixé par les procès-verbaux d'expertises.*[1]

XXXIe. Q. — On a cité l'exemple suivant : en vertu des lois postérieures à celles du 12 prairial an 3, un particulier soumissionna une propriété dont la valeur devait être fixée d'après le revenu de 1790 : les experts nommés par l'Administration constatèrent ce revenu par leur procès-verbal ; mais l'Administration réduisit elle-même, dans l'acte de vente, le revenu constaté par le procès-verbal des experts, et adjugea en conséquence à ce soumissionnaire la propriété à un prix au-dessous de l'expertise.

Dans un cas semblable, la liquidation doit-elle être basée sur le procès-verbal d'expertise ou sur celui d'adjudication ?

R. — Il faut, dans cette circonstance, prendre pour base de la liquidation, le procès-verbal d'adjudication : la présomption légale est que l'expertise a été reconnue fautive.

Si, par l'application de cette règle, les parties se trouvent lésées, elles sont admises à présenter leurs réclamations, à l'effet de participer à la distribution du fonds commun que la loi a réservé pour réparer les inégalités qui auront pu résulter des bases qu'elle a fixées.

AUTRES DÉCISIONS OU EXPLICATIONS

Données par S. Exc. le Ministre des Finances.

(Circulaire du 28 juillet 1825.)

Actes de notoriété.

Iere. *Question.* — Un acte de notoriété rédigé en pays étranger, peut-il être admis comme justifiant suffisamment les droits et qualités des héritiers ?

Réponse — Les actes de notoriété passés en pays étranger, selon les formes usitées dans ledit pays, ont la même valeur que les actes reçus en France. Mais il faut examiner si ces actes présentent des justifications suffisantes.

Sur le même Sujet.

IIe. *Q.* — Un acte de notoriété délivré à une femme pour constater l'impossibilité où elle se trouve de rapporter l'autorisation de son mari, présumé mort, peut-il être reçu à l'appui de sa demande en indemnité, en attendant que cette femme se soit fait autoriser en justice, à l'effet de suivre sa réclamation ?

R. — La demande doit être reçue pour prévenir la déchéance qui serait encourue, si elle n'était pas présentée dans le délai fixée par la loi ; il convient seulement d'observer qu'en présentant une réclamation, soit en son propre et privé nom, soit en sa qualité d'héritière ou d'ayant-droit, la femme contracte des obligations, et qu'il est nécessaire dèslors, avant qu'on puisse passer outre à la liquidation, qu'elle justifie de l'autorisation de son mari, ou, à son défaut, de l'autorisation donnée par les tribunaux. Cette solution est fondée sur les dispositions du Code civil, et notamment sur les articles 215, 217, 218, 219 et 776.

Biens situés dans plusieurs Départemens, compris en un seul lot d'adjudication.

IIIᵉ. *Q.* — Une seule vente comprend parfois des biens situés dans plusieurs départemens : dans ce cas, comment réduire le prix d'adjudication stipulé en papier-monnaie ?

R. — Cette question est implicitement résolue par les instructions données pour le cas où diverses parties de biens situés dans plusieurs départemens auraient été vendues simultanément.

Il a été prescrit que le bordereau serait formé dans le département où avait eu lieu la vente du domaine principal. Ce sera donc le tableau de dépréciation de ce département qui devra servir à la formation du bordereau pour les autres portions du même bien : les enchérisseurs ont dû baser leurs mises sur la dépréciation du papier dans le lieu où la vente se faisait et où les paiemens devaient s'effectuer.

Ascendans d'emigrés.

IVe. Q. — La même question se reproduit relativement aux biens attribués à l'Etat en vertu de la loi du 9 floréal an 3, et rachetées par les ascendans, qui avaient ouvert le partage de leur succession.

R. — L'indemnité accordée à ces ascendans doit être égale à la valeur réelle des sommes qui auront été payées à l'Etat ; elle ne peut être justement appréciée que par le cours du lieu où le versement s'est opéré.

Créancier. — Cessionnaire.

V^e. Q. — Un créaneier qui justifie de l'abandon que lui a fait de ses droits un débiteur émigré, peut-il réclamer l'indemnité au nom de cet émigré, bien que l'acte d'abandon ait été passé avant la promulgation de la loi du 27 avril ?

R. — Tout cessionnaire qui justifie légalement des droits qui lui ont été abandonnés, doit être admis à les exercer : la loi du 27 avril ne déroge point, à cet égard, aux règles ordinaires.

S'il s'élève des contestations entre le cédant et le cessionnaire, la Commission renvérra les parties à se pourvoir devant les tribunaux, conformément à l'article 11 de la loi.

Timbre. — Enregistrement.

VIe. *Q*. — Est-il nécessaire de faire timbrer et enregistrer d'anciens billets, pour former opposition sur l'indemnité due à l'individu qui les aurait souscrits ?

R. — L'art. 18 de la loi du 27 avril, qui a fait revivre les droits que des créanciers pouvaient avoir à exercer contre d'anciens propriétaires dépossédés, n'a modifié en rien les dispositions générales des lois sur le timbre et l'enregistrement.

Il s'ensuit que les titres des créanciers doivent être revêtus de l'une et l'autre formalité, avant qu'aucun officier ministériel puisse procéder à l'opposition.

Valeurs à déduire.

VIIe. *Q*. — Les valeurs données en paiement des dettes liquidées à la décharge des anciens propriétaires, doivent-elles être déduites intégralement de l'indemnité, ou réduites en numéraire d'après le tableau de la dépréciation ?

R. — L'imputation doit être faite d'après la valeur nominale ; puisque, suivant l'art. 9, on doit déduire de l'indemnité tout ce qui a été payé par l'Etat à la décharge du propriétaire dépossédé, ou, en d'autres termes, tout ce dont celui-ci se trouve libéré par le fait de l'Etat.

Reliquats de décomptes.

VIIIe. Q. — Où s'arrêtera le calcul des déductions à opérer en exécution de l'art. 9 de la loi du 27 avril, pour les sommes provenant des reliquats des décomptes dont l'art. 3 de la loi du 5 décembre 1814 a attribué le montant aux anciens propriétaires ?

R. — Relativement aux reliquats de décomptes, la loi du 5 décembre 1814 a placé les anciens propriétaires dont les biens se trouvaient aliénés à cette époque, dans l'une des positions suivantes :

Ou l'Administration des domaines est restée chargée de continuer le recouvrement et de leur en remettre le produit ;

Ou elle en a été déchargée par suite d'arrangemens pris entre l'ancien propriétaire et l'acquéreur ;

Ou elle a dû s'abstenir, parce qu'il s'est opéré compensation par l'effet de la réunion dans la même personne, de la qualité d'acquéreur et d'ancien propriétaire.

Dans le premier cas, toutes les sommes perçues jusqu'à la publication de la loi du 27 avril 1825, sont acquises aux anciens propriétaires, et doivent être portées en déduction ; celles recouvrées postérieurement reviennent à l'Etat, par suite de l'allocation de l'indemnité.

Dans les deux autres cas, il faut déduire tout ce qui restait encore dû sur le montant des décomptes, lorsque l'Administration a cessé d'en poursuivre le recouvrement.

Quant aux intérêts des reliquats de décomptes, ils seront calculés jusqu'à la publication de la loi du 5 décembre 1824, lorsque, antérieurement à cette époque, il y a eu des arrangemens qui ont substitué l'ancien propriétaire aux obligations de l'acquéreur.

Lorsque. au contraire, les arrangemens sont postérieurs, c'est à leur date que devra s'arrêter le calcul des intérêts.

Il est évident que la confusion s'est opérée à ces deux époques.

Déductions.

IXe. Q. — Comment procéderont les directeurs des domaines, lorsqu'ils reconnaîtront que des créances ont été omises sur les états de passif dressés au Ministère, ou que le chiffre porté sur ces états diffère de celui des créances liquidées par l'administration départementale ?

R. — Dans le premier cas, le directeur du domaine fera sur les bordereaux la déduction des créances omises.

Dans le second, la déduction sera conforme aux états du Ministère.

Mais, dans l'une et dans l'autre hypothèse, le directeur devra faire ses observations sur les différences reconnues.

Demandes en Indemnité.

X^e. Q. — Quelques ayans-droit à l'indemnité, à
raison de biens-fonds qui ne font plus partie du
territoire français, tel qu'il était circonscrit en 1792,
ont désiré savoir dans quel lieu leurs demandes en
liquidation devaient être formées?

R. — Les demandes doivent être adressées au Préfet du département dont, avant la cession, faisait
partie la commune où sont situés les immeubles
confisqués.

Maison démolie révolutionnairement.

XIe. Q. — Une maison fut démolie par ordre de
représentans du peuple en mission, les matériaux
vendus au profit des pauvres, et une partie du sol
abandonnée à la voie publique; le propriétaire n'est
ni émigré, ni déporté, ni condamné.

La perte qu'il a faite de sa maison peut-e le donner lieu à une liquidation?

R. — Quel que soit l'intérêt qu'inspirent de semblables réclamations, il ne peut faire perdre de vue
que la loi du 27 avril affecte spécialement l'indemnité aux seuls propriétaires des biens-fonds confisqués et aliénés en exécution des lois sur les émigrés,
les déportés et les condamnés révolutionnairement.

La discussion de la loi a démontré clairement
quelle avait été l'intention des Chambres, en écar-
tant tous les amendemens fondés sur d'autres pertes
et sur d'autres motifs que ceux qui sont exprimés et

définis par la loi, notamment la proposition faite en
faveur des propriétaires des maisons démolies à Lyon.

Femme divorcée. — Dot.

XII°. *Q.* — Une femme émigrée, dont le divorce
a été prononcé sur la demande de son mari, lequel
a conservé la propriété de tous les biens de la communauté qui existait entre lui et sa femme, en payant
à l'Etat 100,000 fr., représentant la dot de celle-ci,
a-t-elle aujourd'hui droit de réclamer l'indemnité, en
se fondant sur ce que sa dot avait été employée en
acquisition de biens-fonds existant dans la communauté au moment de son émigration, sur ce que les
actes d'acquisition ont été passés en son propre et
privé nom, sur ce que le prix des immeubles a été
payé de ses deniers; enfin, sur ce que la somme
payée à l'Etat par son mari n'a été que la représentation de ces mêmes biens? Elle se borne à produire,
à l'appui de sa demande, un acte de naissance et un
acte d'individualité.

R. — Dans cette espèce, il y a deux sortes de
biens-fonds pour lesquels une indemnité est réclamée :

1°. Les biens-fonds achetés au nom de la femme;

2°. Les biens-fonds à elle appartenans comme
faisant partie de la communauté, et dont elle était
propriétaire conjointement avec son mari.

Dans l'un et l'autre cas, la femme réclamante a
droit à l'indemnité; mais il faut qu'elle administre la

preuve de ses droits par l'exhibition de son contrat de mariage ; et, en ce qui coucerne les biens qui lui étaient propres, par la production des titres, à moins que son droit ne résulte de l'acte même qui a rendu son mari propriétaire moyennant une somme déterminée dans l'acte de la vente faite par l'Etat.

Cas d'Expertise.

XIIIe. Q. — En procédant en exécution de l'article 17, §. 2, de la loi du 27 avril, les experts doivent-ils prendre pour base de leur évaluation le prix de la vente faite par l'ancienne Caisse d'amortissement, ou bien le revenu valeur de 1790? Les frais d'expertise seront-ils à la charge de l'Etat?

R. — L'opération des experts doit toujours tendre à constater le revenu du bien cédé valeur de 1790, conformément à l'art. 17 de la loi et à l'art. 28 de l'ordonnance. C'est ce revenu capitalisé par 18, qui, aux termes de l'art. 2 de la loi, formera le montant de l'indemnité, et non le prix de la vente faite par l'ancienne Caisse d'amortissement, dont il n'est pas question dans la loi du 27 avril.

Les frais d'expertise seront supportés par l'Administration, puisque c'est elle, et non le réclamant, qui est chargé d'établir la quotité de l'indemnité.

Légitimaire.

XIVe. Q. — Un héritier légitimaire, ayant droit d'exiger sa part héréditaire en nature, peut-il être admis à réclamer l'indemnité, lorsqu'il existe un acte passé entre lui et un co-héritier, qui fixe à un prix déterminé ses droits légitimaires?

R. — Si les droits légitimaires ont été abandonnés moyennant une somme d'argent, de telle manière qu'il n'y eût plus de recours de la part du légitimaire sur les biens-fonds qu'il pouvait réclamer en nature, les droits du légitimaire se résolvent en une simple créance, et il n'y a pas lieu à liquidation.

Mais si, au contraire, et comme l'usage le consacrait dans plusieurs provinces, le légitimaire conservait un recours direct sur les biens-fonds, il peut réclamer la liquidation, nonobstant l'acte dont il est question.

Sur le même Sujet.

XVe. *Q*. — Le débiteur de la légitime ne doit-il pas être admis à réclamer l'indemnité, sauf au légitimaire à faire valoir ses droits contre l'aîné, ou l'héritier, pour obtenir intégralement sa légitime?

En d'autres termes : Est-ce à l'émigré légitimaire, ou à celui qui a conservé le bien frappé de confiscation moyennant rachat, que l'indemnité est attribuée?

R. — La question ainsi posée est facilement résolue, en se reportant au troisième paragraphe de l'article 3 de la loi du 27 avril, qui dit : *Sera restitué à ceux qui y avaient droit ou qui les représentent.*

Ainsi, ce sont les légitimaires qui sont indemnisés ; si, en effet, ce sont eux qui ont été frappés de confiscation.

Ascendant qui a racheté.

XVIe. Q. — L'art. 3 de la loi du 27 avril prévoit le cas où l'ascendant aura acquis, au prix de l'estimation déclarée, les portions de biens-fonds attribuées à l'Etat par le partage de présuccession, en vertu de la loi du 9 floréal an 3 ; mais on a demandé comment sera réglée l'indemnité, lorsque la conservation des biens entre les mains de l'ascendant aura eu lieu par une acquisition faite en exécution de la loi du 26 vendémiaire an 7, laquelle avait prescrit la vente aux enchères publiques des biens attribués à l'Etat par le partage de présuccession, comme des autres biens dits *domaines nationaux?*

R. — Dans cette hypothèse, l'acquisition faite par l'ascendant doit être considérée comme un rachat direct, et dès-lors soumise aux règles contenues dans l'art. 4 de la loi du 27 avril ; c'est-a-dire que l'indemnité sera égale au montant des sommes payées à l'Etat.

Par conséquent, il sera nécessaire de justifier, non pas simplement du prix de l'adjudication, mais encore des versemens effectués ; ou, si l'on veut, de l'acquittement des obligations souscrites ; et le détail devra en être mentionné au bordereau.

Cas de Procuration révoquée.

XVIIe. Q. — Un ayant-droit à l'indemnité a révoqué les pouvoirs généraux antérieurement donnés par lui à l'effet de poursuivre ses droits et actions ; mais il craint que le fondé de pouvoirs ne réclame, nonobstant sa révocation, la liquidation des indemnités qui lui sont dues.

R. — Pour prévenir toute fraude, il est nécessaire que le retrait des pouvoirs donnés soit signifié au Préfet auprès duquel la demande en indemnité doit être formée.

Copie de Pièces produites.

XVIII°. *Q*. — Lorsqu'un héritier a déjà produit toutes les pièces tendant à établir l'identité de celui dont la succession est ouverte, ses co-héritiers peuvent-ils être autorisés à en tirer des copies qui seraient certifiées conformes par le Préfet ou par le Secrétaire général de la préfecture?

R. — Cette autorisation ne me paraît point devoir être refusée, pourvu qu'il n'en résulte aucun retard pour l'instruction de la demande qui aura été présentée, appuyée des justifications nécessaires.

Ma circulaire du 7 juillet, n°. 4, contient d'ailleurs diverses explications tendant à éviter autant que possible les doubles productions de pièces.

Cas de Biens rachetés.

XIX°. *Q*. — Le droit d'enregistrement et les honoraires payés, lors du rachat des biens confisqués fait à des tiers, doivent-ils être compris dans la liquidation de l'indemnité, lors des cas prévus par l'article 4 de la loi ?

R. — Cette question est résolue négativement par l'art. 14 de l'ordonnance, qui, se fondant sur l'article 4 de la loi, dit, en termes exprès, que l'indemnité sera réglée à une somme égale aux valeurs réelles *payées au tiers vendeur.* Les honoraires du notaire, les droits d'enregistrement, et tous autres frais accessoires, ne sont donc pas susceptibles d'entrer dans la liquidation, et l'on ne doit prendre pour base de l'opération que le prix principal du rachat.

Même Sujet.

XXᵉ. *Q.* — Un fils a racheté une partie des biens confisqués et vendus sur son père; ce dernier vit : peut-il être considéré comme rentré dans la possession de ses biens, au moyen de rachat fait par personne interposée ?

R. — Pour appliquer à un individu les règles exceptionnelles de l'art. 4, il faut d'abord qu'il y ait eu rentrée en possession, de la part de l'ancien propriétaire ou de ses héritiers.

Si cette rentrée en possession n'a pas eu lieu, peu importe que le bien ait été ou non racheté par un ascendant, descendant, ou par la femme de l'ancien propriétaire; mais si elle est établie, alors il faut rechercher comment elle a eu lieu, comment le rachat s'est effectué; et c'est pour ce cas que la loi a déterminé les présomptions contenues au §. 3 de l'art. 4.

Cas de Rachats partiels.

XXIe. Q. — La fixation de l'indemnité varie suivant que le bien confisqué et vendu a été racheté, ou ne l'a pas été; de là des dificultés pour déterminer le prix des rachats partiels qui ont eu lieu depuis la vente en masse d'un corps de domaine. On a demandé à ce sujet «comment il faudrait procéder,
» lorsqu'il serait impossible d'appliquer aux procès-
» verbaux d'adjudication d'un corps de domaine les
» contrats de rachats d'une portion quelconque de
» ce domaine, ou lorsque des parties en ont été ra-
» chetées conjointement avec un autre domaine,
» par un seul et même contrat, et sans aucune dé-
» signation du prix particulier à chacun des objets
» acquis. »

R. — Les réclamans devront déclarer, et établir de la manière la plus probante qu'il leur sera possible, la proportion du bien racheté avec la masse du bien vendu.

Pour apprécier cette déclaration et les fondemens sur lesquels elle sera appuyée, l'Administration pourra recourir aux divers documens qui ont servi à préparer l'estimation et la vente des biens. Elle s'aidera encore des rôles de 1793 et de ceux de l'année courante, en tenant compte des modifications survenues dans la propriété. S'ils ne lui présentent aucun moyen suffisant d'en déterminer le revenu et la valeur vénale, elle fera prendre, par les agens locaux, les renseignemens les plus propres à fixer son opinion. Si, d'après ces informations, elle n'a pas à contredire la déclaration des réclamans, il sera passé outre à la liquidation; sinon il faudra bien provoquer une ventilation : mais cette mesure ne devra être adoptée qu'après avoir épuisé tous les autres moyens propres à dispenser d'en faire usage.

Les frais de la ventilation seront supportés par le réclamant : car, dans le cas de rachat, c'est à lui à établir le prix qu'il a payé.

Acquéreur national qui a ensuite émigré.

XXIIe. Q. — L'acquéreur d'un domaine national de première origine a émigré avant d'avoir soldé le prix de son acquisition. Le bien a été revendu au nom de l'Etat. L'ancien acquéreur peut-il demander l'indemnité ?

R. — Si la revente a eu lieu par suite de folle enchère ou de déchéance de l'acquéreur, l'indemnité n'est pas due; mais si elle a été déterminée par son émigration, le bénéfice de la loi du 27 avril 1825 peut être réclamé.

Dans ce cas, les sommes qui restaient dues sur l'acquisition sont portées en déduction, conformément à l'art. 9 de la loi; et, dans le décompte qui les établit, elles sont réduites d'après le cours de la Trésorerie, qui, en matière de décomptes, sert de base pour la réduction des valeurs, et sans égard au tableau de dépréciation départementale.

Tableaux de Dépréciation.

XXIIIe. *Q.* — Les tableaux de dépréciation des départemens s'arrêtent généralement au 29 messidor an 4, époque à laquelle a cessé la circulation forcée du papier-monnaie valeur nominale ; cependant, les mandats étaient admissibles dans les caisses publiques jusqu'au 1er. germinal an 5 : quelle date prendra-t-on pour la réduction de ces valeurs ?

R. — On suivra, pour la réduction des mandats, le cours proclamé par les arrêtés du Directoire, insérés au *Bulletin des Lois.*

Bordereaux. Réserves. Extraits. Etat individuel.

XXIVe. — Les énonciations que présentent les bordereaux relativement aux procès-verbaux d'expertise, de vente, et autres actes, sont principalement fondées sur les rélevés ou les extraits pris par les employés de la régie dans les documens que MM. les Préfets ont dû réunir, en exécution de l'art. 4 de l'ordonnance du 1er. mai. Comme il serait possible que ces renseignemens, quoique recueillis avec soin, continssent des erreurs qui vicieraient le travail auquel ils servent de base, il convient que vous vous assuriez de leur exactitude, en comparant les énonciations avec la minute des pièces où elles ont été puisées, et que vous constatiez dorénavant, dans votre avis, que cette vérification a été faite.

Cette dernière recommandation est très-expresse.

La nécessité où le Ministère s'est trouvé de terminer l'envoi immédiat dans les départemens, des états du passif à imputer sur les bordereaux d'indemnité, a empêché de préparer, pour un plus grand nombre, les deux expéditions *du relevé des états individuels;* mais MM. les Préfets pourront en faire prendre à la Direction des Domaines la copie dont ils auront besoin, pour donner aux parties les communications qu'elles réclameraient, en exécution de l'art. 32 de l'ordonnance.

Le Ministre Secrétaire d'Etat des Finances,

Signé Jh. DE VILLÈLE.

~~~~~~

CONSULTATION

CONCERNANT LES LÉGITIMAIRES.

———

FEU M. le comte DE F...., père de quatre enfans, avait fait un testament par lequel il donnait tous ses biens à son fils aîné; à la charge par lui de payer certaines sommes et servir des rentes viagères aux puînés, pour leur tenir lieu de Légitime.

Conformément à ce testament, le fils aîné s'était mis en possession de tous les biens, et déjà il avait payé plusieurs années des rentes léguées à ses deux frères et à sa sœur, lorsque la Révolution survint.
~~~~~~

Tous émigrèrent : par suite, tous les biens furent saisis et vendus.

L'aîné, *Xavier*, mort en émigration, a laissé une fille qui le représente, mariée à M. DE S.....

Le cadet, *François*, est également décédé, laissant deux enfans, qui sont les Consultans.

La sœur est morte sans postérité.

L'existence du quatrième est restée incertaine jusqu'à ce jour.

QUESTION de savoir, 1°. quels sont les droits de Mme. DE S., représentant son père, fils aîné, héritier institué, sur lequel tous les biens ont été vendus ?

2°. Quels sont les droits des deux enfans de M. *François* DE F., fils cadet, lequel avait été réduit à un capital une fois payé, et à une pension viagère, pour sa légitime ?

Ceux-ci, comme simples légitimaires, ont-ils droit de demander part, concurremment avec Mme. DE S., dans l'indemnité due pour raison des immeubles vendus ?

Ou bien, n'ont-ils qu'une créance à exercer contre la fille de l'héritier institué : et, partant, qu'une simple opposition à former sur l'indemnité qui lui sera allouée ?

RÉPONSE. — M. le comte DE F. ..., aïeul commun des parties, était habitant de la Bourgogne, et ses biens situés dans la partie de cette province qui, en matière de succession, était régie par le Droit romain.

Or, suivant le Droit romain (*Nov.* 18, *cap.* 1), il faut distinguer le cas où il se trouve *quatre enfans ou moins*, et le cas où il y en a davantage.

Au premier cas, la Légitime est *le tiers* de ce que chaque enfant aurait pris dans la succession *ab intestat*; en telle sorte qu'un enfant unique doit avoir *le tiers* de tous les biens; celui qui a un frère, *un sixième*; celui qui en a deux, *un quatrième*; celui qui en a trois, *un douzième*.

Au second cas, c'est-à-dire, lorsque les enfans sont au nombre de *cinq*, ou plus, ils ont tous ensemble pour légitime, la moitié de toute la succession. Cette moitié se partage entre eux par égales portions; et, partant, la portion légitimaire est toujours la moitié de la part héréditaire que chacun aurait eue, si le père n'avait pas fait de testament.

C'est une autre règle du Droit romain, que la Légitime doit être payée des propres biens du défunt : *ex ipsâ substantiâ patris :* dit la loi 36, Cod. de inoff. testam.

La Légitime étant une *quote-part* des biens qu'on aurait eus *ab intestat*, il faut que le paiement en soit fait *avec ces mêmes biens*, quels qu'ils soient.

Par suite de ce principe, si le défunt a laissé des *immeubles* et des effets *mobiliers*, ce qui arrive presque toujours, le légitimaire doit être payé avec les deux espèces de biens, et proportionnellement, autant qu'il est possible.

Mais il arrivait souvent qu'un père de famille, pour prévenir les difficultés dont le paiement des légitimes était presque toujours l'occasion, faisait par testament aux légitimaires, des legs plus ou moins considérables, soit en rentes, soit en capitaux, soit en immeubles; sous la condition de s'en contenter, à peine d'en demeurer déchus et d'être réduits à leur stricte légitime.

Et lorsque les enfans trouvaient dans ces legs particuliers un avantage, ou au moins *l'équivalent* de leur légitime de droit, il était de leur devoir, comme de leur intérêt, de renoncer à cette légitime, pour s'en tenir à la disposition testamentaire.

En général, il est deux manières de *renoncer* à un droit légal :

Ou par une *renonciation expresse et formelle*,

Ou *par des faits*, qui supposent *l'intention de renoncer*.

Mais, *en matière de légitime*, c'est un principe constant, qu'on ne peut admettre de renonciation *tacite*; qu'il n'y a de renonciations valables, que celles faites *expressément et par écrit*.

Il y a dans le Droit romain une loi qui décide positivement que tout légitimaire qui a reçu simplement la chose que le défunt lui a laissée pour tenir lieu de légitime , et qui même en a donné quittance sans réserve, doit être admis à réclamer sa légitime, sous la déduction de ce qu'il a reçu. Voyez *au Code*, tit. *de inofficioso testamento* , la loi.35 , §. 2.

Et la jurisprudence des Parlemens a constamment maintenu ce principe. Il y en a une foule d'arrêts.

Maintenant , pour faire l'application de ces principes à l'espèce , il ne s'agit plus que de savoir s'il y a eu, de la part de M. le vicomte DE F...., père des Consultans, *renonciation à la légitime* qui lui était due dans la succession de son père.

D'après les notes remises au Soussigné , il paraît bien qu'il a reçu pendant plusieurs années, de son frère aîné, la pension portée au testament du père ; mais il ne paraît nullement qu'il ait jamais souscrit une renonciation expresse à la légitime qui lui appartenait suivant la loi.

D'après les principes ci-dessus rappelés , dès-là qu'il ne conste d'aucune renonciation formelle , M. le vicomte DE F..... n'a pas cessé d'être investi du droit de réclamer sa légitime , laquelle était d'un *douzième* dans tous les biens de la succession de son père.

Et les paiemens de pension que son frère aîné lui aurait faits , ne peuvent être réputés que des à-comptes sur cette légitime.

Qu'importe, au surplus, que le fils aîné se soit mis en possession de tous les biens, comme en étant seul héritier, seul propriétaire ; et qu'il en ait joui plus ou moins long-temps comme tel ?

La réponse à cette objection serait que quand une hérédité est échue à plusieurs individus, dont les uns n'y ont droit que pour des portions inférieures, si l'héritier principal se met en possession de la totalité des biens, il est censé les posséder pour tous les ayans-droit. Sa possession même conserve leurs droits comme les siens ; il n'y a que le partage, qu'un réglement définitif de partage, qui puisse faire cesser cet état de choses.

Qu'importe encore que lorsque la Révolution s'est emparée de ces biens à titre de confiscation, et qu'elle les a mis en vente, M. le comte DE F.... l'aîné ait été seul dénommé dans les procès-verbaux et affiches, comme en étant le propriétaire.

Ce ne sont ni ces procès-verbaux, ni ces affiches, qui peuvent former titre en sa faveur. Ces procès-verbaux n'étaient point attributifs de la propriété.

Combien de fois la Révolution n'a-t-elle pas vendu des biens comme appartenant à tel individu qualifié émigré, tandis qu'ils appartenaient réellement à un autre !

EN NOUS RÉSUMANT, notre Avis est que les Consultans, enfans de M. *François de F.......*, frère puîné de M. *Xavier de F...*, sont fondés à prétendre que leur père était *propriétaire pour un douzième* des immeubles délaissés par feu *François de F...*, premier du nom, leur ayeul commun;

Que, conséquemment, ils ont qualité pour concourir avec l'héritière de M. *Xavier de F...*, pour la réclamation de l'indemnité due à raison de la vente des immeubles; comme ayant droit à cette indemnité au moins pour *un douzième;* sauf à faire raison à la succession dudit *Xavier de F....* de ce qui aurait été payé par lui à son frère *François*, et qui serait susceptible d'être imputé sur la légitime de ce dernier.

Et de plus, comme héritiers, pour un tiers, de leur tante, décédée depuis quelques années, sans postérité, les Consultans auront encore droit au tiers de la portion légitimaire dont elle n'aurait pas été remplie de son vivant.

PAR L'ANCIEN JURISCONSULTE SOUSSIGNÉ,

GUICHARD P.,
*Avocat aux Conseils du Roi,
et à la Cour de Cassation.*
29 *juillet* 1825.

———

NOTA. — Plusieurs des Articles qui nous ont été adressés, se trouveront dans le Cahier subséquent.

SUR LA QUESTION DE SAVOIR

A QUI DOIT ALLER L'INDEMNITÉ,

*Quand il y a deux ordres d'héritiers ou légataires:
les uns pour les* MEUBLES, *les autres pour les*
IMMEUBLES ?

———

LE 1ᵉʳ. avril 1807, feu M. le comte *de Verm*....
épousant demoiselle *Le M*...., lui avait fait, par leur
contrat anténuptial, donation, en cas de survie sans
enfans, 1°. *de tous les* BIENS MEUBLES *qui se trouveront lui appartenir au jour de son décès*, pour
en jouir *en toute propriété* à compter du prèdécès ;

2°. De tous les *biens* IMMEUBLES qui se trouveront
également lui appartenir, mais pour en jouir *en usufruit seulement*.

M. *de Verm*.... est décédé quelques années
après, sans laisser postérité ;

Et madame sa veuve a recueilli le bénéfice de la
donation ci-dessus.

Puis elle a épousé en secondes noces M. *de P*.....;
et, en l'épousant, elle lui a fait une donation de tous
ses biens, *meubles et immeubles*, et *en toute pro-
priéte*.

C'est en cet état des choses que M. de P... dit :

« Mon épouse, qui m'a donné tous ses biens, était *donataire*, *en propriété*, de tous les BIENS-MEUBLES généralement quelconques qui appartenaient à M. *de Verm*.... au jour de son décès. »

Or, au nombre des *biens* que M. de Verm.... possédait au jour de son décès, était notamment son droit à l'indemnité des immeubles qui avaient été confisqués sur lui et vendus pendant son émigration.

Or, ce droit à l'indemnité n'était rien autre chose qu'une *créance mobilière*, puisque l'indemnité n'est autre qu'une rente en deniers sur le Trésor public.

Donc ce droit à l'indemnité a fait partie de la donation mobilière faite en toute propriété par M. *de Verm...*, à demoiselle *Le M...*, devenue mon épouse.

Par suite, cette créance s'est trouvée comprise dans la donation qu'elle m'a faite.

Donc, moi, *de P....*, aux droits de demoiselle *Le M...*, qui était elle-même aux droits de M. *de Verm....*, je suis fondé à réclamer et toucher l'indemnité due à ce dernier ; par préférence et à l'exclusion de ses parens et héritiers naturels.

Pour établir que cette indemnité doit être réputée faire partie des *biens meubles* dont M. de Verm.... avait fait donation en toute propriété à demoiselle Le M...., la Consultation donnée à M. de P.... com-

mence par rappeler tous les articles du Code civil
sur les meubles et les immeubles , notamment la
disposition de l'art. 529 , portant : « Sont aussi *meubles* , par la détermination de la loi , *les rentes per-
pétuelles* , ou viagères , soit *sur l'Etat* , soit sur particuliers. »

Puis, on rappelle le principe , que tout *droit* à un
meuble , toute *action* tendant à *avoir une chose
meuble* , est elle-même essentiellement *mobilière* de
sa nature , et fait partie de ce qui a été donné sous
le titre général de *biens-meubles.*

On finit par citer à cet égard un grand nombre
d'auteurs , qui l'ont ainsi enseigné , d'anciens arrêts
qui ont ainsi jugé, même *pour l'action de la femme,
afin de récompense de ses immeubles propres aliénés pendant le mariage.*

OBSERVATIONS.

LES PRINCIPES rappelés dans cette Consultation
sont vrais ; et les conséquences qu'on en a tirées
seraient incontestables , appliquées à des valeurs
mobilières , autres que l'indemnité dont il s'agit.

On n'a pas assez fait attention que cette indemnité
est régie par une législation toute spéciale et excep-
tionnelle , qui déroge aux règles ordinaires.

On n'a pas assez fait attention à l'esprit de cette
législation spéciale , à son but , à son intention.

De tous les Rapports et Discours prononcés sur

16

cette loi, du texte même de plusieurs de ses articles, il résulte manifestement que son système a été de considérer les émigrés comme n'ayant jamais été dessaisis de la propriété de leurs biens, nonobstant la confiscation, comme n'ayant pas cessé d'en être investis légalement jusqu'à l'instant de leur décès; comme les ayant transmis, par leur décès même, aux parens habiles à leur succéder à l'époque de ce décès, ou aux personnes qu'ils auraient déclaré vouloir en gratifier, soit par testament, soit par d'autres actes.

Mais, de fait, ces biens ayant été vendus à des tiers, par les précédens Gouvernemens, et l'Etat ayant ratifié ces ventes, il s'est en même temps chargé de payer aux anciens propriétaires des biens-fonds ainsi vendus, une indemnité en rente, qui serait la représentation de ces fonds, et qui aurait en conséquence la même destination, les mêmes affectations, quant aux personnes qui avaient droit à ces biens-fonds.

Cette intention est exprimée presque à chaque page des Rapports faits aux deux Chambres, et dans tous les discours du Commissaire royal, M. de Martignac.

Pas de doute que, dans les mains des personnes qui vont recueillir cette indemnité, la rente à elles constituée par l'Etat, sera un bien *meuble*, une valeur *mobilière*.

(247)

Pas de doute que cette rente devra être considérée et régie comme telle, dans leur succession future.

Mais, quant aux anciens propriétaires, c'est l'immeuble même qui est censé avoir existé dans leurs mains, jusqu'au jour de leur décès, et qu'ils sont censés avoir transmis à leurs héritiers naturels.

C'est pourquoi, si l'immeuble était un *propre*, et si la distinction des propres et des acquêts existait encore au moment de ce décès, l'indemnité appartiendra à *l'héritier des propres*, à l'exclusion de celui qui n'avait droit qu'aux *acquêts*.

De même encore, si, dans les mains de l'ancien propriétaire, l'immeuble était grevé d'hypothèques qui donnaient des droits de préférence à certains créanciers, ces créanciers exerceront sur l'indemnité les mêmes droits de préférence qu'ils auraient exercés sur l'immeuble.

En un mot, les choses doivent se passer, relativement à l'indemnité, de la même manière que si elle était l'immeuble même qu'elle représente.

« *En résultat*, disait notamment M. *Portalis*,
» l'article proposé dégage le droit des anciens pro-
» priétaires de tout ce qui pouvait en rendre l'exis-
» tence douteuse. *Il les replace dans la position
» où ils se seraient trouvés, s'ils n'avaient été ni
» expropriés, ni émigrés, ni déportés, ni con-
» damnés.* »

16 *

S'il fallait ne voir dans l'indemnité qu'un *meuble*, dont la transmission doit se régler en tous points d'après les règles relatives aux meubles ordinaires ; il faudrait dire aussi que, dans les successions qui se sont ouvertes sous l'empire des anciennes lois qui attribuaient les immeubles à certains parens exclusivement, et les *meubles* à d'autres, ce sont ceux-ci qui doivent seuls recueillir l'indemnité afférente à ces immeubles, et qui n'est accordée qu'à raison de ces immeubles, auxquels ils n'avaient aucun droit.

Ce qui n'est certainement jamais entré dans la pensée des auteurs de la loi.

Il faudrait dire également que, dans les Coutumes qui défendaient de disposer des *propres*, ou qui, du moins, en réservaient la plus grande partie aux héritiers qui y étaient appelés, l'individu auquel l'ancien propriétaire aura fait une donation de ses *meubles* et *acquêts* seulement, aura droit d'emporter toute l'indemnité accordée pour raison de ces *propres.*

Enfin, s'il était vrai qu'il ne faut voir qu'un *meuble*, qu'un effet *mobilier*, dans l'indemnité accordée pour raison des immeubles vendus par la révolution, il s'ensuivrait la conséquence, qu'aucun créancier ne peut être admis à exercer *des droits hypohécaires* sur cette indemnité ; car *meuble* et *hypothèque* sont deux choses incompatibles.

Revenons plutôt au véritable esprit de la loi, et

(245)

disons avec tous les orateurs qui l'ont expliquée,
qu'il faut voir dans l'indemnité, l'immeuble même
pour raison duquel cette indemnité est accordée, et
qu'elle doit appartenir aux mêmes individus qui auraient eu droit de recueillir l'immeuble qu'elle représente, si la confiscation n'y eût pas mis obstacle.

TEL EST L'AVIS *de l'ancien* . . . . etc.   -   G.

AVIS AUX CRÉANCIERS DES EMIGRÉS,
et autres Ayans-Droit à l'Indemnité.

LA loi du 25 avril dernier, art. 18, admet positivement les créanciers des émigrés et autres ayans-
droit à l'indemnité, à former des oppositions à la
délivrance de cette indemnité. (Art. 18.)

L'ordonnance du 1er. mai suivant ajoute, que les
oppositions seront, dans tous les cas, signifiées à
Paris, au Ministère des finances, Bureau des Oppositions; et qu'elles devront être faites dans les formes
prescrites par les lois des 19 février 1792 et 30 mai
1793, et par le décret du 18 août 1807.

A quoi on aurait pu ajouter encore : et conformément *à l'art. 561 du Code de procédure civile,*
puisqu'il contient une disposition expresse sur ce
point.

Dans la collection des Décrets, par *Baudouin*, la première loi ci-dessus citée, se trouve (pag. 226) datée *du* 14, et non du 19 février 1792; elle prescrit, entre autres formalités, 1°. d'énoncer clairement les noms des saisissans ou opposans; 2°. ceux des parties prenantes; 3°. l'objet saisi ou grevé d'opposition; 4°. le dépôt de l'exploit à la Trésorerie pendant 24 heures, pour y être enregistré et visé sans frais. (Art. 8 et 9.)

La loi du 30 mai 1793 prescrit, de plus, d'énoncer le *montant de la créance*, et de fournir *copie du titre*, ou extrait en forme.

L'art. 561 du Code de procédure déclare non valables les oppositions, « si l'exploit n'est fait à la
» personne préposée pour le recevoir, et s'il n'est
» visé par elle sur l'original; ou, en cas de refus,
» par le Procureur du Roi. »

Le *Décret imp.*, *du* 18 *août* 1807, a eu pour objet de préciser et réunir toutes les règles relatives à cet objet.

En voici les articles textuels :

ART. 1ᵉʳ. « Indépendamment des formalités communes à tous les exploits, tout exploit de saisie-arrêt ou opposition, entre les mains des receveurs, dépositaires ou administrateurs de caisses ou de deniers publics, en cette qualité, exprimera clairement les noms et qualités de la partie saisie; il contiendra, en outre, la désignation de l'objet saisi.

2. » L'exploit énoncera pareillement la somme pour laquelle la saisie-arrêt ou opposition est faite; et il sera fourni, avec copie de l'exploit, auxdits receveurs, caissiers ou administrateurs, copie ou extrait en forme du titre du saisissant.

3. » A défaut par le saisissant de remplir les formalités prescrites par les art. 1 et 2 ci-dessus, la saisie-arrêt ou opposition sera regardée comme non-avenue.

4. » La saisie-arrêt ou opposition n'aura d'effet que jusqu'à concurrence de la somme portée en l'exploit.

5. » La saisie-arrêt ou opposition formée entre les mains des receveurs, dépositaires ou administrateurs de caisses ou de deniers publics, en cette qualité, ne sera point valable, si l'exploit n'est fait à la personne préposée pour le recevoir, et s'il n'est visé par elle sur l'original; ou, en cas de refus, par le Procureur impérial près le tribunal de première instance de leur résidence, lequel en donnera de suite avis aux chefs des Administrations respectives.

6. » Les receveurs, dépositaires ou administrateurs, seront tenus de délivrer, sur la demande du saisissant, un certificat qui tiendra lieu, en ce qui les concerne, de tous autres actes et formalités prescrits, à l'égard des tiers saisis, par le titre XX du livre III du Code de procédure civile. (*Tit.* VII, *liv.* V, *art.* 570 *et suiv.*)

» S'il n'est rien dû au saisi , le certificat l'énoncera ;

» Si la somme due au saisi est liquide , le certificat en déclarera le montant ;

» Si elle n'est pas liquide , le certificat l'exprimera.

7. » Dans le cas où il serait survenu des saisies-
arrêts ou oppositions sur la même partie et pour le
même objet , les receveurs , dépositaires ou administrateurs , seront tenus , dans les certificats qui leur
seront demandés , de faire mention desdites saisies-
arrêts ou oppositions , et de désigner les noms et
élections de domiciles des saisissans , et les causes
desdites saisies-arrêts ou oppositions.

8. » S'il survient de nouvelles saisies-arrêts ou
oppositions depuis la délivrance d'un certificat, les
receveurs , dépositaires ou administrateurs , seront
tenus , sur la demande qui leur en sera faite , d'en
fournir un extrait contenant pareillement les noms
et élections de domiciles des saisissans , et les causes
desdites saisies-arrêts ou oppositions.

9. » Tout receveur, dépositaire ou administrateur
de caisses ou de deniers publics , entre les mains
duquel il existera une saisie-arrêt ou opposition sur
une partie prenante , ne pourra vider ses mains sans
le consentement des parties intéressées , ou sans y
être autorisé par justice. »

Ainsi, en résumé, tout exploit d'opposition sur une indemnité doit contenir :

1°. Les noms, profession et domicile du requérant ;

2°. L'élection d'un domicile spécial dans la ville où l'opposition est formée ;

3°. L'immatricule de l'huissier ;

4°. Les noms et qualités de la partie sur laquelle on entend saisir ;

5°. La désignation de l'objet saisi ;

6°. La somme pour laquelle l'opposition est faite ;

7°. La personne à laquelle l'exploit est remis.

De plus, en tête ou à la suite de la copie de cet exploit, il doit être fourni copie ou extrait en forme du titre de la créance.

De plus, l'original de cet exploit doit être visé par le fonctionnaire préposé à la réception de ces sortes d'opposition.

Et, en cas de refus, par le Procureur du Roi de la même résidence.

Suivant l'art. 557 du Code, tout créancier muni d'un titre authentique ou privé, peut former de telles oppositions.

S'il n'a pas de titre, il doit préalablement obtenir du président du tribunal, une ordonnance qui autorise l'opposition ; et, dans ce cas, l'ordonnance doit énoncer la somme pour laquelle l'opposition est autorisée.

Suivant l'art. 563 du même Code, le saisissant est tenu, dans la huitaine, de dénoncer la saisie-arrêt ou opposition au débiteur contre lequel elle est faite, avec assignation en validité devant le tribunal de la partie saisie.

Et dans un autre délai de huitaine, cette assignation en validité doit être dénoncée par le saisissant au *tiers-saisi* (564.)

Le tout à peine de nullité de la saisie ou opposition. (565.)

Mais, pour raison de l'indemnité dont il s'agit, beaucoup de personnes se sont accordées à penser qu'il n'était pas nécessaire, après avoir fait signifier l'opposition, de donner l'assignation en validité, conformément à ce qui est prescrit par le Code; attendu que le décret de 1807 ci-dessus, qui est la loi spéciale en cette partie, ne prescrit point cette assignation, non plus que la dénonciation; attendu, d'ailleurs, que, le plus souvent, ces assignations seraient impossibles, à l'égard des personnes dont les biens ont été vendus : la plupart étant décédées en pays étranger, et ayant laissé pour héritiers ou ayans-cause, des individus dont les noms et domiciles sont le plus souvent inconnus aux créanciers.

Cependant, toutes les fois que l'ayant-droit à l'indemnité sera bien connu du créancier, nous conseillerons à celui-ci de ne pas négliger l'assignation en validité: ne fût-ce que pour arrêter le cours de la

prescription qu'on se propose peut-être de lui opposer.

Quant à la *dénonciation* de cette assignation au
tiers-saisi, c'est-à-dire à *l'État*, en la personne de
son préposé, nous pensons qu'elle est absolument
inutile, qu'elle serait même totalement déplacée ;
puisqu'à son égard, le décret spécial ci-dessus porte
qu'on ne sera tenu à autre chose que de délivrer à
l'opposant un certificat énonçant ce qui pourrait
être dû à la partie saisie, ou qu'il ne lui est rien dû,
ou qu'il n'y a encore rien de liquidé ; puisque,
d'une autre part, le même décret porte, art. 9, que
tout caissier des deniers publics, entre les mains
desquels il existera une opposition sur une partie
prenante, ne pourra payer que du consentement des
opposans, ou après ordonnance de justice.

MAIS une autre question plus sérieuse se présente
ici :

Il paraît qu'un grand nombre d'indemnitaires,
pressés de besoins, effrayés d'ailleurs des difficultés
qu'on leur faisait entrevoir, ont pris le parti de céder à des tiers, l'indemnité à laquelle ils avaient
droit, moyennant certain prix comptant, ou à
d'autres conditions, par forme de traité à forfait ;
et que ces cessionnaires se sont empressés de faire
notifier l'acte de cession aux fonctionnaires représentant l'État, débiteur de cette indemnité, avant
qu'il eût été fait aucune opposition.

De là, question de savoir si les cessionnaires seront fondés à prétendre que l'indemnité doit leur être délivrée, nonobstant les oppositions survenues ensuite ?

Pour l'affirmative, on invoque les dispositions du Code civil, sur le transport des créances et autres droits incorporels, et l'on dit :

Suivant l'art. 1689, tout propriétaire ou titulaire d'une créance sur un tiers, peut la céder ou transporter à qui bon lui semble ; et la délivrance s'en opère entre le cédant et le cessionnaire, par la simple remise du titre.

Suivant l'art. 1690, le cessionnaire est saisi *à l'égard des tiers*, aussitôt qu'il a fait signifier l'acte de cession à l'individu débiteur de la créance cédée.

Or, le droit à l'indemnité décrétée par la loi du 27 avril dernier, ne présente rien autre chose qu'une créance de deniers sur le gouvernement ; et il est de principe constant que, tant qu'une créance n'est pas saisie ou frappée d'opposition, le titulaire de cette créance peut en disposer valablement, comme de toute autre chose à lui appartenant.

Or, au moment où M. *tel* m'a cédé ses droits à l'indemnité qui lui compète, cette indemnité n'était frappée d'aucune opposition, d'aucune saisie-arrêt de la part de ses créanciers.

Donc il me l'a valablement transportée.

Aussitôt, j'ai duement fait notifier mon acte d'ac-

quisition au représentant du Gouvernement, débiteur de cette indemnité.

Donc j'ai été investi, dès ce moment, de la propriété de cette créance, à l'égard des tiers, à l'égard
de tous créanciers quelconques de mon vendeur.

Et dès-là que ce n'est qu'après cette saisine légale
opérée en ma faveur, qu'il est survenu des oppositions à la délivrance de l'indemnité qui m'a été cédée ; ces oppositions, formées à l'encontre de mon
vendeur, ne peuvent être d'aucune valeur contre
moi ; elles ne peuvent avoir l'effet de me dépouiller
d'une chose qui était devenue ma propriété, qui
n'appartenait plus aucunement à l'individu sur lequel vous avez formé ces oppositions.

Pour les créanciers, on répond qu'il a été dans
l'intention de la loi du 27 avril, de rendre inces-
sibles au préjudice des créanciers, les indemnités
qu'elle accorde aux émigrés, déportés et condamnés ; tant que la liquidation n'en aura pas été faite.

Que cette intention ressort manifestement des diverses dispositions de l'art. 18 , ainsi que de la discussion qui a précédé l'adoption de cet article dans
les deux Chambres ;

Qu'en effet, non-seulement la loi accorde aux
créanciers des indemnitaires, la faculté de former
des oppositions à la délivrance de l'inscription de
rente qui aura été allouée ; mais elle dispose, de
plus, que ces créanciers *exerceront leurs droits*

suivant le rang des priviléges et hypothèques qu'ils avaient sur les immeubles confisqués ; et qu'en cas de concours, il y aura des instances *d'ordre et de distribution,* devant le tribunal du domicile de l'ancien propriétaire , ou celui du lieu de l'ouverture de sa succession ;

Que cette faculté conférée aux créanciers, d'exercer sur l'indemnité les mêmes droits d'hypothèques et priviléges qu'ils auraient exercés sur les immeubles dont elle est censée la représentation, suppose nécessairement qu'il fut entendu par le législateur, que ces créanciers pourraient utilement former des oppositions jusqu'au réglement définitif de l'indemnité, et même tant que l'inscription de cette indemnité n'aurait pas été délivrée ;

Qu'en effet, l'art. 18 s'exprime ainsi : « Les oppo-» sitions qui seront formées *à la délivrance de* » *l'inscription de rente. ... »* ;

Que, par conséquent, nulle cession ne pourra leur être opposée jusqu'à ce moment ; car, qui veut la fin , veut les moyens.

Que cela est d'autant plus certain, que plusieurs Membres de la Chambre des Députés ayant proposé de fixer un délai pendant lequel les créanciers seraient tenus de former leurs oppositions, cette proposition fut repoussée, par le motif qu'ils devaient être admis à les former tant que l'inscription ne serait pas délivrée ;

Qu'ainsi, il faut tenir que la loi même a opéré d'avance une sorte de main-mise ou saisie-arrêt générale, entre les mains de l'Etat, sur les indemnités à délivrer, au profit des créanciers qui se feraient connaître jusqu'à la délivrance de l'inscription ; et que cette main-mise légale a été opérée, tant en faveur des simples créanciers cédulaires ou chirographaires, qu'en faveur des hypothécaires, et de ceux qui avaient privilége sur les immeubles vendus.

Nonobstant la force et la vérité de ces dernières raisons, on ne peut se dissimuler que la question est au moins douteuse; qu'elle sera susceptible d'une vive controverse, lorsqu'elle se présentera devant les tribunaux; et, dans l'incertitude de la jurisprudence qui prévaudra sur ce point litigieux, le parti le plus prudent et le plus sûr à prendre pour les créanciers, c'est de former leurs oppositions le plutôt possible, dans les formes prescrites par les lois ci dessus rappelées.

MODÈLE *d'Exploit d'opposition.*

L'an..... à la requête de.... demeurant..... et faisant élection de domicile à Paris, en l'étude de M . ....., y demeurant, rue....

Je, soussigné N....., huissier au tribunal civil de la Seine, duement patenté, demeurant à Paris, rue....

Certifie avoir duement notifié, déclaré et fait savoir à S. Exc. Monseigneur le Ministre Secrétaire d'Etat au département des finances, en la personne de M. M. .., préposé à la réception des oppositions sur le Trésor royal, en son bureau, sis rue...., parlant à.....

Que le requérant susnommé est opposant et s'oppose formellement par ces présentes, à ce qu'il soit fait délivrance à qui que ce soit, hors la présence et sans le consentement du susdit requérant, de l'inscription ou portion d'inscription de rente à laquelle pourraient avoir droit, à titre d'indemnité, les héritiers de feu M. le comte de S...., émigré, lequel, en son vivant, demeurait..... et possédait..... (tel ou tel bien);

La présente opposition formée pour avoir paiement de la somme de....., montant en capital d'une obligation dudit feu comte de S...., par lui souscrite au profit des père et mère du requérant, suivant acte authentique passé devant M. ...., notaire à. .. le....., duement enregistré, duquel acte copie est donnée en tête de celle des présentes.....

Et j'ai audit M. M...., en son bureau et parlant comme dessus, laissé copie, tant de l'acte sus-énoncé que du présent exploit, dont je l'ai en même temps requis de vouloir bien viser l'original. ....

Signé N....

Visa. — *Enregistrement.*

IMPRIMERIE PORTHMANN, rue Ste.-Anne, N°. 43.

4ᵐᵉ. SUPPLÉMENT

AU

MANUEL DE L'INDEMNITÉ

DES ÉMIGRÉS, DÉPORTÉS ET CONDAMNÉS.

NOUVELLES DÉCISIONS

DE S. EXC. LE MINISTRE DES FINANCES.

(3ᵉᵐᵉ. Circulaire du 13 août 1825.)

1. — *Veuve réclamante. Justification à faire.*

Une femme veuve, qui réclame l'indemnité, doit-elle justifier, par l'acte de naissance de son mari, que celui-ci n'é-
tait pas étranger, et qu'ainsi elle n'avait pas perdu la qualité
de Française?

Cette justification est indispensable, puisque tous les prétendans-droit à l'indemnité doivent prouver qu'ils sont
Français, et que le mariage d'une femme avec un étranger
lui fait perdre la qualité de Française.

Au surplus, il faut se rappeler, qu'aux termes de l'article
19 du Code civil, la veuve qui aurait perdu la qualité de
Française, par son mariage avec un étranger, recouvre sa
première condition, si elle réside en France, ou si elle y est

17

rentrée avec l'autorisation du Roi, et en déclarant qu'elle voulait s'y fixer.

2. — *Actes de notoriété.*

Un émigré est resté en pays étranger : son âge et ses infirmités l'empêchent de revenir en France, pour y faire dresser l'acte de notoriété destiné à constater son identité avec l'ancien propriétaire dépossédé : que devra-t-il faire pour remplir cette formalité ?

L'acte de notoriété, servant à constater l'identité du propriétaire dépossédé, avec le réclamant, peut être reçu indifféremment, aux termes de l'article 7 de l'ordonnance du 1er. mai, par le juge de paix du domicile des réclamans, ou par celui de la situation des biens.

Dès-lors, rien n'empêche que l'ancien propriétaire profite de l'option qui lui est laissée, pour charger un mandataire de se présenter devant le juge de paix de la situation des biens, qui donne lieu à l'indemnité, avec cinq témoins notables, à l'effet d'y faire constater que le réclamant est bien la même personne que le propriétaire dépossédé.

Il sera, en outre, nécessaire, attendu la résidence prolongée de l'individu à l'étranger, de justifier, devant le préfet, qu'il ne se trouve pas dans un des cas prévus par l'article 17 du Code civil.

3. — *Même sujet.*

Comment se poursuivra l'homologation d'un acte de notoriété, destiné à suppléer un acte de décès que des héritiers sont dans l'impossibilité de produire ?

Il n'y a aucune formalité nouvelle à indiquer à cet égard, puisque la loi n'a point dérogé aux règles ordinaires.

4. — *Adhésion au bordereau.* — *Femme, Mari.*

La femme, même non commune, ou séparée de biens, ne

pourrait former sa demande en indemnité, sans être assistée de son mari, aux termes de l'article 217 du Code civil.

Le mari peut-il faire seul, en exécution de l'article 34 de l'ordonnance du 1er. mai, la déclaration d'adhésion au bordereau?

Quel que soit le régime sous lequel le mariage a été contracté, le mari ne peut exercer, sans le consentement de sa femme, les actions immobilières qui lui appartiennent. Or, il n'y a nul doute que le droit à l'indemnité ne soit dans la catégorie des actions immobilières, puisque l'indemnité n'est autre chose que la représentation d'un bien-fonds. (V. p. 265.)

Dès-lors, il est nécessaire que la femme intervienne pour donner son adhésion, en exécution de l'article 34 de l'ordonnance.

5. — *Biens cédés aux Etablissemens publics.*

Lorsque des biens ont été concédés à un établissement quelconque, après une estimation en revenu seulement, à quel taux doit-il être capitalisé?

La loi ayant pris pour base de l'indemnité, le revenu de 1790, multiplié par 18, c'est d'après cette base, que le capital doit être formé, à moins que l'estimation de la propriété, en capital, n'ait été déterminée dans l'acte de concession.

6. — *Indemnité des Domaines engagés.*

Les biens qui étaient possédés, à titre d'engagemens du domaine royal, et qui, ayant été rangés par la loi du 1er. décembre 1790, dans la classe des domaines nationaux de première origine, ont été vendus en vertu de la loi du 10 frimaire an 2, donnent-ils droit à l'indemnité, sauf la déduction du quart énoncé en l'article 9 de la loi, comme les autres biens-fonds possédés à titre d'engagement, et dont les détenteurs auraient pu se rendre propriétaires incommu-

17 *

tables, en exécution de la loi du 14 ventose an 7, s'ils n'a-
vaient été frappés par les lois intervenues contre les émigrés,
les déportés ou les condamnés?

L'indemnité n'est due que pour les biens-fonds, confisqués et vendus en exécution des lois sur les émigrés, les déportés ou les condamnés révolutionnairement.

Or, il est impossible de considérer comme une confiscation révolutionnaire, le retrait des biens possédés à titre d'engagement, opéré par l'effet des lois du 1er. décembre 1790
et du 10 frimaire an 2.

D'abord, ces lois étaient d'une application générale, et
portaient sur tous les détenteurs, émigrés, ou non émigrés.

En second lieu, il n'y avait pas violation de la propriété
privée, puisque la propriété était à l'Etat, et que l'engagiste
n'était que détenteur précaire; que l'Etat rentrait ainsi dans
l'exercice d'un droit qu'il n'avait pas définitivement aliéné.

Les ventes consommées sous l'empire des lois des 1er. décembre 1790 et 10 frimaire an 2, ne peuvent donc donner
lieu à indemnité. Mais l'exécution de ces lois a été suspendue
le 22 frimaire an 3; et, le 14 ventose an 7, une autre loi a autorisé les détenteurs de biens engagés, non encore aliénés, à
devenir propriétaires incommutables, moyennant le paiement du quart de la valeur desdits biens. Conséquemment,
les aliénations faites postérieurement au 22 frimaire an 3,
n'ont pu avoir d'autre cause que l'émigration, la déportation
ou la condamnation révolutionnaire; et, comme la loi de
l'an 7 a consolidé la propriété, entre les mains des enga-
gistes, au moyen de certaines conditions dont les émigrés
eussent profité, comme les autres citoyens, sans les circonstances politiques de cette époque, il est juste de reconnaître
que les propriétés engagées, vendues depuis le 22 frimaire

(261)

an 3, donnent droit à l'indemnité, comme celles qui l'ont
été après la loi du 14 ventose an 7.

7. — *Biens grevés d'usufruit.*

Comment doit-on liquider l'indemnité due pour des biens
grevés d'usufruit, estimés et vendus d'après les dispositions
de la loi du 6 floréal an 4, qui statuait que la valeur de ces
biens serait réglée sur leur revenu de 1790, réduit d'un
quart ou de moitié, selon que les usufruitiers auraient plus
ou moins de cinquante ans ?

Le revenu réduit, tel qu'il a été constaté par les procès-
verbaux d'expertise, ou par les actes d'aliénation, peut seul,
aux termes du premier paragraphe de l'article 2, servir de
base à la fixation de l'indemnité. En effet, le revenu excédant celui qui est porté dans l'acte d'expertise, ou de vente,
représente l'usufruit, qui n'appartenait pas au propriétaire.

8. — *Communications à faire aux ayans-droit.*

Emploiera-t-on le ministère des huissiers, pour effectuer,
d'une manière régulière, les diverses notifications exigées par
l'ordonnance du 1er. mai ?

Employer le ministère des huissiers, serait contraire aux
usages de l'administration ; les notifications doivent avoir
lieu sans frais, ainsi que cela se pratique pour toutes les communications que les préfets ont à faire. Mais, il est essentiel
que la remise des pièces soit constatée, d'une manière régulière et certaine, par un récépissé de la partie.

9. — *Contre-Lettres. Enregistrement.*

D'anciens propriétaires ont racheté leurs biens à des tiers,
par des actes publics, qui ont reçu la formalité de l'enregistrement, mais, dans lesquels on n'a énoncé qu'une partie du
prix. Le complément a fait l'objet de contre-lettres, qui n'ont
point été enregistrées, et qui, cependant, ont acquis une date

certaine, soit par leur mention dans les inventaires, soit par le décès des signataires.

Ces contre-lettres pourront-elles être produites sans enregistrement préalable, ou devront-elles être enregistrées? et, dans ce cas, seront-elles passibles du triple droit, conformément à l'article 40 de la loi du 22 frimaire an 7?

La législation n'a pas proscrit l'usage des contre-lettres: elle déclare seulement, qu'elles n'ont d'effet qu'à l'égard des parties qui les ont souscrites.

D'un autre côté, la loi sur l'enregistrement a, dans l'intérêt de la perception, et pour empêcher la dissimulation des prix réels de vente, assujetti les contre-lettres à une amende triple du droit qu'elles comporteraient, si les clauses qu'elles renferment, étaient contenues dans un autre acte; mais elle n'en a pas prohibé l'enregistrement.

Dans cet état de la législation, il m'a paru que les contre-lettres pouvaient être présentées, comme preuve des valeurs réellement déboursées, pour le rachat des biens qui donnent lieu à l'indemnité; mais seulement, lorsqu'elles ont acquis une date certaine, par le décès de ceux qui les ont signées, ou par leur réunion à des pièces inventoriées. Il sera toutefois nécessaire qu'elles soient enregistrées, puisque l'administration ne peut admettre aucun acte translatif de propriété, qui ne serait pas revêtu de cette formalité.

Quant à l'amende encourue, la remise pourra en être sollicitée dans la forme ordinaire, ainsi qu'on l'a indiqué déjà pour d'autres actes, soustraits à la connaissance de l'administration de l'enregistrement, et qu'il devient aujourd'hui nécessaire de produire.

10. — *Ancien propriétaire rentré en possession.*

Un ancien propriétaire a remboursé aux acquéreurs de ses biens, les sommes par eux payées à l'État; il en est rentré en

possession, par suite de la déchéance où sont tombés les acquéreurs : peut-il être considéré comme ayant racheté ces
mêmes biens, et l'indemnité à laquelle il a droit, doit-elle
être liquidée, d'après l'article 4 de la loi du 27 avril?

La loi donne à celui qui est rentré en possession de ses
biens, le droit de réclamer la somme par lui déboursée, sans
que l'indemnité, ainsi réglée, puisse toutefois excéder l'allocation résultant des bases de l'article 2.

L'ancien propriétaire dont il s'agit, peut invoquer cette
disposition; mais il faut qu'il établisse que sa rentrée en
possession est la conséquence d'un rachat, et non d'une
remise pure et simple, que lui aurait faite le gouvernement,
ensuite d'une déchéance prononcée contre l'acquéreur.

11. — *Cas de partage de présuccession.*

Dans quel département doit être instruite la réclamation
en indemnité, fondée sur un partage de présuccession, lorsque les biens aliénés se trouvent situés dans plusieurs dépar-
témens?

Si, en exécution de la loi du 9 floréal an 3, l'ascendant a
acquis, au prix de l'estimation, les biens dont il avait fait
abandon à l'Etat, il ne doit être formé qu'une seule demande
en indemnité, et elle doit être instruite dans le département
où le partage et la rétrocession à l'ascendant ont été effectués.

Mais, si l'ascendant, au lieu de profiter du bénéfice de la
loi précitée, a laissé vendre, dans la forme ordinaire, les propriétés confisquées sur lui, il devient nécessaire de présenter
une demande séparée, dans chaque département.

12. — *Sœur non-émigrée.*

Des biens indivis, entre le frère et la sœur, ont été vendus
en totalité, sous le nom du frère émigré; la sœur, qui n'avait
pas émigré, et qui, d'ailleurs, était alors mineure, n'éleva
aucune réclamation; elle a perdu son frère, elle en est héri-

tière, et se présente aujourd'hui pour obtenir l'indemnité : comment doit-elle établir sa demande ?

Pour opérer régulièrement, elle doit former deux réclamations : l'une, à titre d'ancien propriétaire, pour la portion des biens qui lui appartenaient, et qui, ayant été confisqués et aliénés, en exécution des lois sur les émigrés, donnent droit à l'indemnité ; l'autre, comme héritière de son frère.

A l'appui de l'une et l'autre demande, elle devra produire, en justification de ses qualités et de ses droits, les pièces exigées par le titre 2 de l'ordonnance du 1er. mai.

Toutefois, si la sœur de l'émigré est demeurée seule et unique héritière de son frère, et qu'elle n'ait aucun autre intérêt à se présenter, comme propriétaire, il pourra lui paraître plus simple de se prévaloir seulement de ce titre, et sans élever de prétention à l'indemnité personnelle, pour la portion de bien qui lui appartenait en propre.

L'administration n'aurait pas à s'opposer à cette manière de procéder.

13. — *Biens cédés à la Caisse d'amortissement.*

Les biens cédés par le gouvernement, à l'ancienne caisse d'amortissement, sans estimation préalable, doivent-ils être estimés actuellement valeur de 1790, quoiqu'ils aient été vendus sur une mise à prix dont le revenu de 1790 formait la base ?

Les biens affectés par le gouvernement, à l'ancienne caisse d'amortissement, n'avaient pas cessé d'appartenir à l'Etat ; car, l'ancienne caisse d'amortissement était une administration, et non pas un établissement public. Ils n'ont donc été aliénés, que par la vente qu'elle en a faite elle-même ; et dès-lors, c'est dans cet acte qu'il faut chercher l'indication du revenu, qui servira à établir la base de l'indemnité.

14. — *Droits d'un Légataire à l'indemnité.*

Un ancien propriétaire dépossédé a fait, en faveur d'un tiers, un testament par lequel il lui lègue ses immeubles et effets mobiliers, qui composaient, à cette époque, toute sa fortune. On demande si cette disposition testamentaire confère à l'héritier institué, les droits du défunt à l'indemnité, à l'exclusion des héritiers naturels?

Une question de cette nature ne peut être résolue en l'absence des actes qui l'ont fait naître.

On peut seulement faire observer, que l'indemnité est donnée, en représentation des biens-fonds confisqués, et que, dès-lors, elle n'est susceptible d'être réclamée que par le légataire, ou l'héritier, qui avait droit à la délivrance des immeubles (1).

Au surplus, cette question sera du ressort des tribunaux.

15. — *Avis sur la Lésion.*

L'avis distinct à émettre par les préfets, sur les réclamations pour cause de lésion, doit-il toujours accompagner l'envoi de celui émis, en vertu de l'art. 35 de l'ordonnance?

Cet envoi simultané aurait des avantages qu'il est facile d'apprécier; mais, si l'administration en faisait une loi expresse, elle pourrait entraîner des retards qu'il importe d'éviter, dans le travail de la liquidation.

Ainsi, la transmission des avis sur la lésion, ne doit point faire ajourner celle des dossiers de liquidation.

16. — *Mariage de Françaises avec des Étrangers.*

A partir de quelle époque, le mariage d'une femme, héritière d'un ancien propriétaire dépossédé, peut-il être considéré comme lui donnant droit à profiter du bénéfice de l'art. 23 de la loi du 27 avril?

---

(1) Cette réponse confirme l'avis que nous avions déjà donné sur la même question. (V. ci devant, p. 241.)

En déclarant inhabiles à recueillir l'indemnité, les femmes qui ont épousé un étranger, postérieurement au 1er. avril 1814, la loi reconnaît, sans aucune restriction, le droit de toutes celles qui, s'étant mariées antérieurement à cette époque, sont Françaises, veuves, ou descendantes d'émigrés, de déportés, ou de condamnés révolutionnairement.

17. — *Indemnité pour partage de présuccession.*

L'indemnité doit-elle être délivrée à l'ascendant encore vivant, ou à celui de ses descendans, dont l'émigration a donné lieu à la confiscation sur l'ascendant ?

Le §. 2 de l'article 3 de la loi dit que l'indemnité est délivrée à l'ascendant, s'il existe. Ce n'est donc qu'en justifiant du décès de celui-ci, que tout autre membre de la famille, qui prétendrait avoir supporté la perte, pourrait réclamer l'indemnité.

Agir dans un autre esprit, serait consacrer aujourd'hui l'effet des partages de présuccession.

18. — *Erreurs dans les déductions.*

Lorsque, postérieurement à la communication des bordereaux, et lors de la vérification faite au ministère des finances, en vertu de l'article 9 de la loi, des erreurs, omissions ou doubles emplois auront été reconnus dans les déductions à faire sur le montant de l'indemnité, comment les parties en seront-elles informées ?

Voici la règle qui a été adoptée : s'il y a erreur ou omission, le dossier de l'affaire sera renvoyé au préfet du département, qui le remettra au directeur des domaines, pour qu'il modifie le bordereau suivant les réductions à opérer. Le dossier reviendra ensuite au préfet, qui communiquera au réclamant le bordereau rectifié, et me le renverra avec son avis sur les observations que l'imputation nouvelle aura fait naître.

D'un autre côté, quand des créances liquidées dans les

départemens, n'auront pas été comprises, en tout ou partie, sur les états de passif dressés au ministère, les directeurs des domaines en déduiront le montant sur le bordereau, et feront ressortir, dans leurs observations, les omissions ou différences reconnues.

Les avis de MM. les préfets devront mentionner spéciale-ment ces imputations.

Lorsqu'un double emploi sera reconnu au ministère des finances, il sera relevé d'office.

19. — *États de déductions.*

Les états de déductions à opérer sur l'indemnité due aux anciens propriétaires de biens-fonds, vendus par l'État en exécution des lois révolutionnaires, doivent-ils être annexés à chaque bordereau d'indemnité et transmis au préfet, ou doivent-ils être conservés par le directeur des domaines ?

Aux termes des articles 31, 32, 33 et 34 de l'ordonnance du 1er. mai, le directeur des domaines doit adresser au préfet le bordereau d'indemnité en double expédition, avec toutes les pièces à l'appui, et c'est par ce fonctionnaire que les di-verses communications sont faites aux parties; d'où il résulte que c'est à la préfecture que les pièces doivent être réunies, qu'elles soient relatives à l'actif ou au passif de la liquidation.

La circulaire du 7 juillet n°. 4, a déjà résolu implicitement cette question.

20. — *Déductions. — Passif.*

Comment opéreront les directeurs des domaines, lorsque le montant des imputations comprises dans les états de passif, qui leur ont été transmis, sera supérieur à celui des indem-nités à accorder ?

Ils dresseront le bordereau d'indemnité; ils y imputeront les déductions qui leur ont été indiquées, et feront ressortir l'excédant du passif.

Si, lors des vérifications qui seront faites au ministère, il était reconnu que les mêmes déductions ont été opérées dans plusieurs départemens à la fois, les doubles emplois seront signalés à la Commission, et les bordereaux rectifiés en conséquence.

21. — *Procès-verbaux de vente.*

Doit-on joindre au dossier de liquidation, les extraits ou relevés des procès-verbaux de vente, transmis aux préfets par les directeurs des domaines ?

Il n'est pas nécessaire de faire l'envoi au ministère des extraits ou relevés dont il s'agit ; il suffira au préfet de s'assurer de leur exactitude, en en comparant les énonciations avec la minute des pièces où elles ont été puisées, et de constater, dans son avis, que cette vérification a été faite.

22. — *Actes de cession. Enregistrement.*

Les actes de cession ou de rétrocession, passsés sous seing-privé, antérieurement à la promulgation de la loi du 27 avril, et enregistrés depuis, au droit fixe de 3 francs, déterminé par l'article 22 de cette loi, peuvent-ils, dans tous les cas, servir de base à la liquidation de l'indemnité ?

Aux termes de l'article 14 de l'ordonnance du 1er. mai, ces actes ne peuvent faire foi, qu'autant qu'ils avaient acquis une date certaine avant la promulgation de la loi. En les faisant jouir du bénéfice de l'article 22, on les a bien affranchis du droit proportionnel ; mais on n'a pu leur attribuer un effet réservé par l'ordonnance, aux seuls actes ayant date certaine.

23. — *Biens revendus sur folle-enchère.*

D'après quelle base réglera-t-on l'indemnité due pour des biens-fonds revendus par suite de folle-enchère ?

On prendra pour base de la liquidation, 1°. le revenu énoncé dans le dernier acte de vente, quand la vente primitive, et celle sur folle-enchère, auront été l'une et l'autre postérieures au 12 prairial an 3, et que le revenu de 1790, déterminé par l'expertise faite pour la revente, sera différent de celui fixé pour la première vente;

2°. Le revenu, valeur de 1790, quand la vente originaire est antérieure à la loi du 12 prairial an 3, et que la revente lui étant postérieure, elle a eu lieu en vertu de cette loi, ou de celles qui l'ont suivie, et d'après lesquelles le revenu de 1790 était préalablement établi.

Si l'une et l'autre vente sont antérieures au 12 prairial an 3, on prendra pour base de la liquidation, le prix de la dernière vente; attendu, qu'en cas de folle-enchère, la vente primitive est considérée comme non-avenue.

24. — *Pouvoirs des Tuteurs.*

Un tuteur qui a réclamé l'indemnité au nom de ses pupilles, peut-il, sans l'autorisation du conseil de famille, déclarer, en exécution de l'article 34 de l'ordonnance, qu'il adhère au bordereau?

D'après les articles 461 et suivant, du Code civil, un tuteur ne pourrait, sans excéder ses attributions, donner son adhésion à la fixation d'un bordereau d'indemnité. S'il agissait sans cette autorisation, il serait exposé, de la part de ses pupilles, à des réclamations qu'il est de son intérêt de prévenir.

25. — *Veuves réclamantes. Justifications à faire.*

Les femmes veuves réclamantes sont-elles tenues, pour justifier de leur qualité de veuve, quoique leur droit ne repose pas sur cette qualité, de produire leur acte de mariage, et l'acte de décès de leur mari?

Une femme qui a été mariée, doit, si son mari vit encore, justifier de son autorisation; et s'il est décédé, prouver, par un acte authentique, qu'elle est rentrée dans la plénitude de ses droits. Telles sont, à cet égard, les dispositions du droit civil.

___

L'examen des dossiers des demandes en indemnité, parvenues au ministère, a fait connaître, dans les pièces produites, un grand nombre d'irrégularités, que MM. les préfets ont sans doute remarquées ; mais qu'ils ont négligé de faire rectifier, parce que, d'une part, ils les considéraient comme peu importantes, et que de l'autre, ils désiraient ne pas retarder la liquidation ; mais ils ont pu se convaincre depuis, par le renvoi des dossiers, que ces ménagemens ont produit un effet opposé à celui qu'ils en attendaient. C'est donc dans l'intérêt des parties mêmes, qu'ils doivent insister sur la production de pièces régulières. Cependant, si les réclamans ne croient pas devoir déférer aux invitations qui leur sont faites à cet égard, l'instruction doit se poursuivre, sauf à l'administration à faire ressortir, dans ses observations, les vices dont les titres présentés lui auront paru entachés.

On a principalement remarqué, que des demandes n'énoncent pas l'élection de domicile ; qu'elles ne contiennent pas la déclaration formelle que, ni l'ancien propriétaire, ni ses représentans, ne sont rentrés en possession ; que des actes de notoriété, dressés en exécution de l'article 7, n'indiquent pas formellement l'identité entre le réclamant et le propriétaire dépossédé du bien pour lequel l'indemnité est réclamée ; que, dans les cas de partage par présuccession, on a négligé de justifier du décès de l'ascendant, qui, seul, s'il vivait, aurait droit à l'indemnité, ou de produire l'arrangement de famille, indicatif de celui des héritiers qui a supporté la perte ; qu'on a omis de relater la position, ou les droits des veuves des anciens propriétaires ; que lorsque la femme réclame, elle ne justifie pas du décès de son mari, ou de son autorisation de poursuivre; que des observations sur les bordereaux établis d'après ces réclamations collectives, ne contiennent pas l'adhésion de tous les réclamans ; que des avis des préfets ne constatent pas la communication faite aux parties, en exécution de l'article 38 de l'ordonnance; que des actes sujets à légalisation, ou à l'enregistrement, sont présentés sans être revêtus de ces formalités, etc.

Le Ministre-Secrétaire-d'État des finances,
Signé JH. DE VILLÈLE.

Cinquième Circulaire de S. Exc. le Ministre des Finances à MM. les Préfets, contenant de nouvelles solutions et explications.

Paris, 25 septembre 1825.

Monsieur le Préfet, je vois avec satisfaction que, dans le plus grand nombre des départemens, le travail de l'indemnité se poursuit activement. Déjà la commission a prononcé sur un grand nombre de réclamations; d'autres lui ont été transmises, et ne tarderont pas à recevoir une décision. Les bureaux du ministère des finances et de l'administration des domaines s'occupent sans relâche de la vérification des bordereaux qui sont parvenus plus récemment.

Il serait trop long de relater ici toutes les remarques auxquelles a donné lieu l'instruction des affaires par les directeurs des domaines, les conseils de préfecture et les préfets ; mais je ne puis me dispenser d'appeler votre attention sur l'inobservation de plusieurs formalités dont le défaut a motivé, de la part de la commission de liquidation, diverses décisions d'ajournement.

Je citerai l'omission, dans les énonciations des bordereaux, des causes qui avaient motivé la confiscation; l'absence, dans les actes de notoriété, de la désignation des communes où sont situés les biens vendus ; le défaut d'enregistrement ou de légalisation d'actes produits.

Relativement aux preuves à administrer par des héritiers institués, la commission a pensé qu'il était nécessaire d'exiger, à l'appui de leur demande, la production en entier de l'acte testamentaire, et que ces testamens fussent toujours accompagnés, selon les cas, de l'ordonnance d'envoi en possession, ou de la preuve de la délivrance, prescrites par les articles 1006 et 1008 du Code civil.

En ce qui touche les héritiers naturels et légitimes, elle a exprimé l'opinion que les décès des père et mère des réclamans, ou de leurs auteurs, quels qu'ils soient, devaient toujours être prouvés par des extraits de registres de l'état civil, et à leur défaut par des jugemens.

Les déclarations de non-rentrée en possession, de la part des héritiers, lui ont paru devoir s'étendre aux père et mère ou autres auteurs, sur lesquels a été opérée la confiscation, et même à tous ceux qui ont recueilli la succession donnant droit à l'indemnité, et l'ont transmise successivement aux réclamans.

Elle a décidé encore, de la manière la plus positive, que, dans tous les cas de réclamations pour cause de confiscations faites ensuite de partage de présuccession, l'héritier qui a donné lieu à ce partage, et qui répète l'indemnité, doit prouver, conformément à l'article 3 de la loi, que c'est lui seul qui a supporté la perte.

Dans une autre circonstance, elle a posé en principe que l'indemnité devait être liquidée d'après l'article 4 de la loi, lorsque des biens ont été rachetés par la femme divorcée de l'ancien propriétaire, remariée ensuite avec son premier époux, quoique, par le nouveau contrat, la communauté de

biens

biens n'ait pas été stipulée, et qu'elle ait même été formellement exclue.

La Commission a statué aussi sur la question des *Cheptels*, lesquels, confisqués avec le domaine, ont été vendus séparément; elle a jugé qu'ils avaient perdu le caractère immobilier nécessaire pour recevoir l'application de la loi, et que dès-lors ils ne donnaient pas droit à l'indemnité.

Enfin, elle demande que les préfets indiquent soigneusement, que leur avis a été pris en conseil de préfecture; ou, si le conseil de préfecture a délibéré hors de leur présence, qu'ils mentionnent son avis dans celui qu'ils sont appelés à émettre; et, en cas de dissidence, qu'ils joignent au dossier de l'affaire, une ampliation de l'avis du conseil de préfecture en bonne forme, et rapportant le nom de tous les membres qui y ont pris part et qui ont dû en signer la minute.

Je vais maintenant analyser les diverses solutions contenues dans ma correspondance avec MM. les préfets, depuis l'époque de ma dernière circulaire.

1. — *Héritiers d'un absent.*

Lorsqu'en se fondant sur l'absence d'un ayant-droit, des héritiers réclament l'indemnité, comment doivent-ils procéder?

Les formalités qu'il faut observer, lorsque des personnes absentes sont intéressées dans une affaire, se trouvent déterminées par le Code civil. Je me bornerai à rappeler qu'aux termes des articles 112 et 113, les parties peuvent, en attendant que le jugement sur l'absence soit prononcé, faire statuer par le tribunal que l'absent sera représenté par un notaire, qui se réunira aux autres membres de la famille, à l'effet de réclamer l'indemnité, et d'en poursuivre la liquidation,

dont le montant sera versé à la caisse des dépôts et consigna-
tions, jusqu'à l'envoi en possession provisoire.

2. — *Homologation des actes de notoriété.*

De nouvelles difficultés se sont élevées devant les tribunaux, lorsque des prétendans droit à l'indemnité ont eu à
demander l'homologation des actes de notoriété destinés à
suppléer les actes de décès des émigrés.

Les circulaires précédentes ont déclaré qu'à cet égard, il ne
pouvait être dérogé aux règles du droit commun, les seules
qui dussent être suivies en pareille matière.

3. — *Actes de notoriété.*

Dans quel lieu doivent être dressés les actes de notoriété
produits à défaut d'inventaire, lorsqu'il s'agit de constater la
qualité des héritiers?

L'administration doit exiger que ces actes soient délivrés
dans les lieux où la succession s'est ouverte, ou dans celui
du dernier domicile du décédé, puisque c'est là que la notoriété, sur un fait de cette nature, peut seule se manifester
en parfaite connaissance de cause.

Si cependant les parties déclaraient ne pouvoir satisfaire à
cette condition, comme dans le cas où le décès a eu lieu à
l'armée, leur demande en indemnité n'en devrait pas moins
être instruite, sauf à faire ressortir ce que les pièces produites
présenteraient d'incomplet, afin d'éclairer le jugement de la
commission de liquidation.

4. — *Formes des bordereaux.*

Plusieurs bordereaux parvenus au Ministère des finances
ne présentent pas, dans leur confection, la régularité voulue
par l'article 30 de l'ordonnance du 1er. mai. Quelles sont les
règles uniformes à suivre à cet égard?

Les modèles, préparés et envoyés dans chaque département, sont conçus de manière à ne laisser aucune incertitude

(275)

aux agens de l'administration, chargés de l'instruction des
demandes en indemnité : et je ne puis que recommander aux
directeurs des domaines dans les départemens, d'en étudier
avec soin les diverses parties, et de s'astreindre scrupuleusement à en suivre toutes les indications.

J'appellerai plus spécialement l'attention sur les bordereaux établis dans le cas où des héritiers ou ayans-droit réclament au lieu et place de leur auteur. Le directeur des
domaines doit établir un *bordereau-matrice*, portant fixation
de l'indemnité qu'aurait obtenue l'ancien propriétaire, s'il
se fût présenté lui-même, et y relater avec soin les noms et
prénoms, ainsi que la cause de la confiscation.

Après l'établissement du bordereau-matrice, il doit être
formé autant de *bordereaux secondaires* qu'il y a d'héritiers
ou ayans-droit, et ces bordereaux doivent comprendre, indépendamment des indications ci-dessus, la qualité de chaque héritier et la part qui lui revient, conformément à l'article 30 de l'ordonnance.

Cette recommandation ne contredit point les explications
contenues dans ma circulaire du 7 juillet, n°. 4 (19°. question), et qui permettent aux directeurs des domaines de
former un bordereau unique, lorsque les héritiers se présentent ensemble pour demander que l'indemnité due à une
succession, soit liquidée en masse, et que l'inscription de
rente qui en résultera, soit faite en leur nom collectif sur le
grand-livre de la dette publique. Ces liquidations, que l'administration doit continuer à favoriser et à provoquer dans
l'intérêt de la prompte expédition du travail, peuvent continuer, et il est loin de mon intention de les arrêter : dans ce
cas, il est entendu qu'il n'est pas besoin de bordereaux secondaires ; toutefois il sera essentiel de faire remarquer aux
réclamans qui se seraient réunis, que si les droits d'un ou

18*

plusieurs d'entre eux donnaient lieu à contestation avec l'administration, ou à opposition de la part d'un tiers, il y aurait lieu de craindre que les faits qui leur seraient personnels
n'entraînassent des délais pour l'inscription des rentes appartenant aux autres.

La rédaction régulière des bordereaux ne saurait trop fixer
l'attention de l'administration : les bordereaux forment la
base de l'instruction d'une demande en indemnité; ils doivent donc être exempts de toute rature ou surcharge qui ne
serait pas formellement approuvée; et c'est surtout dans l'expression des sommes, soit en chiffres, soit en lettres, que
l'on doit éviter soigneusement toute espèce d'altérations.

5. — Droits des créanciers hypothécaires.

Les créanciers hypothécaires des émigrés ont-ils conservé
leurs rangs et priviléges comme hypothécaires, lorsqu'ils
n'ont pas fait renouveler leurs inscriptions tous les dix ans,
et lors même que leurs titres seraient périmés d'après les lois
existantes avant celle du 27 avril?

Quels que soient les événemens arrivés dans le temps intermédiaire, l'effet de l'article 18 de la loi est de replacer le
créancier, vis-à-vis de son débiteur, dans la même position
que celle où il se trouvait avant la confiscation, relativement
à l'ordre de priorité entre les créanciers; puisque, aux termes
de cet article, « les créanciers des émigrés, déportés ou con-
» damnés, doivent exercer leurs droits, suivant le rang des
» priviléges et hypothèques qu'ils *avaient* sur les immeubles
» confisqués. » La raison de la loi est évidente.

Il n'a pas été au pouvoir des créanciers, d'accomplir les
formalités voulues pour la conservation de leurs titres, postérieurement à l'origine des créances; et il suffira de citer le
décret du 25 juillet 1793, qui avait affranchi les immeubles
confisqués de toute hypothèque.

Il s'agit donc uniquement de rechercher si les créanciers hypothécaires avaient une hypothèque valable ou un privilége, lors de la confiscation, pour reconnaître leurs droits à exercer la répétition de leur créance.

6. — *Biens vendus par suite d'un Partage administratif.*

Dans un partage administratif, le lot échu aux héritiers régnicoles comprenait des biens qui se sont trouvés aliénés lorsque ces héritiers se sont présentés pour se mettre en possession.

Sur leur pourvoi, l'administration a modifié son opération; elle a considéré les biens vendus comme faisant partie du lot attribué à l'Etat, aux droits des héritiers émigrés; et elle a assigné, en remplacement, aux regnicoles, des biens que le premier partage avait placés dans les mains du domaine, mais qui n'étaient pas encore aliénés.

Quels sont, dans ce cas, les biens qui donnent lieu à l'indemnité?

Aux termes de l'art. 1er. de la loi du 27 avril, la demande ne peut porter que sur ceux de ces biens qui ont été vendus au profit de l'Etat, et c'est devant le préfet du département où ils sont situés, quand même ce ne serait pas celui où le partage s'est opéré, que la demande en indemnité doit être formée.

7. — *Domaines engagés.*

Comment établira-t-on, dans la liquidation de l'indemnité, la distinction qui doit exister entre les biens engagés et ceux qui ne l'étaient pas, lorsque l'aliénation aura été faite cumulativement?

Le directeur des domaines devra rapprocher les titres d'engagement des procès-verbaux d'estimation et de vente; il fera ensuite une appréciation, au vu des titres, soit du revenu de 1790, soit du prix réduit en numéraire, pour la partie du bien reconnue domaniale, et pour celle dont la propriété était entière, afin d'appliquer distinctement aux objets d'origine domaniale, l'indemnité qui y sera relative, et de déduire le quart de cette indemnité.

Les observations que les réclamans auraient à opposer à cette appréciation, seront examinées par le préfet en conseil de préfecture, et jugées en définitif par la commission.

8. — *Droits de Transcription.*

Les ventes des biens confisqués sur les émigrés, les déportés et les condamnés, faites par les possesseurs actuels aux anciens propriétaires ou à leurs héritiers, sont-elles exceptées, par l'art. 22 de la loi du 27 avril, du droit proportionnel de transcription?

Aux termes de l'art. 52 de la loi du 28 avril 1816, le droit proportionnel de transcription se trouve compris aujourd'hui dans le droit d'enregistrement; et celui-ci ayant été fixé pendant 5 ans à 3 francs par l'art. 22 de la loi du 27 avril dernier, on ne peut exiger un droit proportionnel lors de l'accomplissement de la formalité de la transcription au bureau de la conservation des hypothèques.

Ainsi, pendant la durée du délai accordé par la loi du 27 avril, les anciens propriétaires ou leurs héritiers, n'auront, lorsqu'ils feront transcrire les actes de ventes qui leur ont été consentis, à acquitter que le droit fixe d'un franc et le salaire du conservateur des hypothèques.

9. — *Erreurs dans les Bordereaux, à rectifier.*

Si un ayant-droit à l'indemnité reconnaît, après avoir donné son adhésion au bordereau qui le concerne, que des erreurs s'y sont glissées à son préjudice, doit-il attendre, pour réclamer, que la commission ait prononcé sur sa liquidation, et ne lui reste-t-il ainsi que la voie de l'appel?

Toute rectification d'erreur doit être immédiatement demandée : elle sera opérée par l'administration , si les bordereaux étaient encore entre ses mains, où par la commission.

10. — *Concours d'Héritiers étrangers et regnicoles.*

Lorsque , par la perte de la qualité de Français , des héritiers d'un ancien propriétaire dépossédé, seront exclus du bénéfice de la loi du 27 avril , leur indemnité profitera-t-elle à leurs co-héritiers demeurés regnicoles, au fonds commun, ou à l'Etat?

La loi du 27 avril n'a pas dérogé aux règles du droit commun, sur le mode de succéder : ainsi, comme aux termes de l'art. 768 du Code civil, la succession ne pourrait être réputée vacante et acquise au domaine , que s'il ne se présentait pas de parens au degré successible , il faut en conclure que les co-héritiers d'un ayant-droit à l'indemnité, devenu incapable par sa qualité d'étranger , sont appelés à recueillir l'indemnité en son lieu et place.

A défaut d'héritiers, l'Etat ne serait pas fondé à se prévaloir du droit général de déshérence qui lui est attribué par la législation, puisque les 30 millions de rente, affectés par la loi à indemniser les anciens propriétaires dépossédés, doivent y être employés dans leur intégralité.

11. — *Légitimaires lésés.*

Les simples légitimaires dont les aînés ont remboursé à l'Etat le prix des légitimes, dans le temps du papier-monnaie, peuvent-ils réclamer pour cause de lésion ?

Les réclamations pour cause de lésion ne pourraient être utilement formées par les légitimaires, puisque l'art. 2 de la loi du 27 avril dit, en termes formels, que les sommes restées libres sur les 30 millions, seront employées à réparer les inégalités qui auraient pu résulter des bases fixées par l'article 2 , lequel n'a aucune application aux allocations que peuvent réclamer les légitimaires.

12. — *Délai pour les observations à adresser au Ministre des Finances.*

Dans quel délai doivent être faites les observations que les parties sont autorisées , par l'art. 38 de l'ordonnance, à adresser au Ministre des finances?

Il n'a pas été déterminé de délai à cet égard. D'une part , on a considéré qu'un très-petit nombre d'affaires donnerait lieu à des observations relatives à l'avis des préfets, puisque cet avis porte déjà sur celles qui ont été fournies en exécution de l'article 34; et d'une autre part, que la marche même de l'instruction laissait un temps suffisant pour les transmettre.

En effet, les réclamans sont déjà avertis, par la notification de l'avis de MM. les préfets, de la nécessité de ne pas retarder l'envoi de leurs observations ; et ils n'ignorent pas que la communication à faire à l'administration des domaines, en vertu de l'article 40 de l'ordonnance, suit immédiatement l'arrivée des dossiers au Ministère des finances. Il était donc superflu, dans l'espèce, de fixer aux parties un délai que leur propre intérêt les porte suffisamment à abréger.

13. — *Observations du Directeur des domaines à communiquer aux parties.*

Les observations faites par les directeurs des domaines sur les bordereaux d'indemnité qu'ils sont appelés à dresser, doivent-elles être communiquées aux parties, ou bien les préfets peuvent-ils en laisser prendre copie dans leurs bureaux?

Quoique l'article 34 de l'ordonnance n'ait pas explicitement prescrit cette communication, il n'y a pas de doute qu'elle doive être faite simultanément avec celle du bordereau ; puisque les observations dont il s'agit sont en quelque sorte les considérans des bordereaux, et que les parties sont intéressées à connaître les raisons sur lesquelles le directeur s'est fondé pour opérer à leur égard.

14. — *Déductions à imputer sur l'indemnité.*

Comment les directeurs des domaines doivent-ils opérer, lorsqu'ils reconnaissent que les états de passif, transmis par le ministère des finances, ne contiennent pas toutes les déductions pour dettes à imputer sur l'actif des bordereaux?

Les directeurs des domaines auront soin de rappeler, dans tous les cas, et de porter dans les bordereaux de liquidation, le montant exact des états de passif, dressés au ministère des finances, et qui se trouvent applicables au réclamant ou à ceux dont il tient ses droits à l'indemnité.

Ils opéreront, par un chiffre distinct, les augmentations ou diminutions qu'ils croiront avoir à faire aux états de passif, et ils feront connaître, par une note détaillée, les motifs des augmentations ou diminutions effectuées. Lorsqu'ils auront ajouté des créances, d'après des liquidations faites dans le département, et dont les pièces existeraient aux archives de la préfecture, ils indiqueront en outre la date des arrêtés de liquidation, ainsi que le numéro des états dans lesquels ces créances sont comprises.

Les créances pour rentes dues à des établissemens religieux, devront être indiquées par un *article supplémentaire,* à la suite de ceux réservés pour les soultes, reliquats de décomptes, etc.

Les directeurs des domaines devront joindre, à l'appui des bordereaux de liquidation, les états du passif dont ils auront fait l'imputation sur l'indemnité.

14. — *Forme de production des testamens faits en pays étranger.*

Est-il nécessaire de faire revêtir de l'exécutoire, exigé par l'article 546 du Code de procédure civile, un testament fait à l'étranger, lorsque cette pièce n'est produite à l'appui d'une demande en indemnité, que pour corroborer la preuve de l'identité du réclamant ?

Si le testament dont il s'agit est surabondant pour la justification des droits, il n'y a pas lieu à discussion ; mais si au contraire il est nécessaire, on doit le présenter revêtu de toutes les formalités exigées par la loi pour qu'il puisse recevoir son exécution.

15. — *Mode d'indemnité d'un émigré qui a racheté.*

Un émigré a racheté ses biens d'un tiers ; mais les bâtimens qui couvraient une partie du sol avaient été détruits. Cet émigré sera-t-il indemnisé d'après l'article 4 ou d'après l'article 2 de la loi ?

Il est évident que le prix du rachat du sol ne serait pas la représentation des biens confisqués et aliénés, et que dèslors il ne doit pas être adopté pour base unique dans la fixation de l'indemnité. Il faut procéder ici comme dans le cas du rachat partiel des biens vendus en masse, c'est-à-dire constater d'abord l'état des biens tels qu'ils se composaient à l'époque de la confiscation, et celui dans lequel ils se trouvaient au moment du rachat. Cette situation une fois établie aux deux époques de la confiscation et du rachat, on s'attachera à reconnaître pour quel prix la portion de bâtimens qui a disparu entrait dans l'adjudication, ou pour quel revenu elle a été comprise dans le procès-verbal d'estimation.

La portion qui, seule, aura pu être rachetée, puisque, seule, elle existait encore, donnera droit à une indemnité réglée suivant les bases fixées par l'article 4, et l'autre portion, à une allocation déterminée par les dispositions de l'article 2 de la loi du 27 avril.

)6. — *Cas de rentrée en possession par donation ou succession.*

Quelles sont les bases qui doivent servir à asseoir la fixation de l'indemnité,

1°. Lorsque l'ancien propriétaire lui-même sera rentré *par succession* ou *par donation*, dans la possession de ses biens aliénés ;

2°. Lorsque les héritiers du propriétaire dépossédé n'auront ni acquis, ni racheté directement les biens aliénés sur leur auteur, mais seront rentrés dans la possession de ces mêmes biens, comme héritiers ou donataires de l'acquéreur ?

La distinction que la loi a faite entre le propriétaire qui est resté privé de ses biens, et celui qui les a recouvrés, manifeste assez clairement quel est son esprit : elle a voulu rendre au premier, suivant les bases fixées par l'article 2, le produit de la vente de ses biens qui ne sont plus en sa possession ; et au second, ce qu'il lui en a coûté pour y rentrer ; car elle a considéré que c'est seulement ce prix qu'il a réellement perdu, ou qu'il a trouvé en moins dans l'héritage qu'il a recueilli.

Cela posé, il est clair que l'ancien propriétaire rentré *par succession* ou *par donation*, en la possession des biens confisqués sur lui, ne peut avoir droit qu'aux sommes déboursées par son auteur. Ces sommes déboursées forment la perte qu'il essuyée. Quant aux héritiers, c'est un principe de notre législation, qu'ils ne peuvent avoir un droit plus étendu que ceux dont ils le tiennent, et ce principe se trouve confirmé encore pour l'exécution de la loi d'indemnité, par le dernier paragraphe de l'article 4.

17. — *Justifications à faire en cas de successions ouvertes à l'étranger.*

Comment peut-il être suppléé aux certificats de propriété, lorsque, en cas d'ouverture de la succession à l'étranger, les

réclamans ne peuvent se conformer au §. 5 de l'article 6 de la
loi du 28 floréal an 7.

Si les parties n'ont pas la possibilité de se procurer, dans
la forme voulue par cet article, les certificats dont il s'agit,
elles peuvent être admises à les remplacer par un acte de notoriété délivré, soit dans le lieu du dernier domicile en France,
soit dans celui de la situation des biens, soit enfin dans tous
les deux, lorsque l'administration le jugera nécessaire pour
établir sa conviction; mais l'instruction devra faire ressortir
le degré de mérite des justifications produites, afin de mettre
la commission à même de les apprécier.

18. — *Tableaux de dépréciation.*

Lorsque des paiemens on été faits en assignats, postérieurement à l'époque à laquelle s'arrête le tableau de dépréciation,
tant pour les départemens que pour la trésorerie, d'aprés
quelles bases la réduction sera-t-elle opérée ?

Elle devra l'être d'après le dernier cours fixé par le tableau
du département, à moins que les paiemens dont il s'agit ne
se trouvent dans les cas déterminés par la loi du 11 frimaire
an 8.

Le Ministre Secrétaire-d'État des Finances,
Signé JH. DE VILLÈLE.

QUESTION *relative à une des victimes du Siége de Lyon.*

A la suite du siége de Lyon par l'armée révolutionnaire, M. *Antoine B.....,* fut compris parmi les victimes mitraillées en masse, par ordre des soi-disant représentans du peuple; et tous ses biens furent saisis et vendus.

Il laissa pour plus proche pare nt un frère unique *Nicolas B......,* qui est lui-même décédé sans enfans, en 1810, après avoir fait un testament olographe, par lequel il a institué pour ses légataires universelles les deux demoiselles *Angélique* et *Rose la Pl.....*

Ces deux demoiselles ont-elles droit de réclamer l'indemnité, à l'exclusion des parens des deux frères *Antoine* et *Nicolas B.....*

On observe qu'il n'existe aucun acte constatant le décès d'*Antoine B.*

RÉPONSE. — D'après le système de la loi du 27 avril dernier, M. *Antoine B....* est censé avoir transmis, le jour même de sa mort, tous ses biens et droits à son héritier naturel, en vertu de la règle : *Le mort saisit le vif.*

Lorsqu'ensuite, au préjudice de cette saisine légale, le fisc révolutionnaire a vendu les immeubles, il est censé en avoir dépouillé l'héritier; et de ce jour même, l'héritier a acquis contre l'État une action en indemnité. Il était donc saisi de ce droit à l'indemnité, lorsqu'il a fait son testament, et qu'ensuite il est décédé.

Or, que porte le testament de cet héritier?

Après quelques legs particuliers, il institue pour ses légataires universelles les demoiselles LA PL.; savoir : *Angélique* quant aux meubles et effets mobiliers ; plus pour *l'usufruit* seulement de ses immeubles.

Et la demoiselle *Rose,* quant à la *propriété* de ses *immeubles.*

Il n'y a donc pas de doute que ces deux demoiselles, Angélique et Rose *La Pl* , ont qualité et droit à réclamer l'indemnité des biens-fonds qui ont été vendus révolutionnairement, à la suite de l'assassinat de feu M. *Antoine B....*

Et, d'après l'esprit de la même loi, du 27 avril, l'indemnité que l'État s'est obligé de payer devant être considérée comme *la représentation des biens-fonds vendus,* nous estimons que *le fonds* de la rente donnée en indemnité devra être réputé appartenir à la demoiselle *Rose ;* et les perceptions annuelles, à Mademoiselle *Angélique,* sa vie durant.

S'il n'a pas été dressé d'acte de décès de M. B...., compris dans les fusillades de Lyon, il doit exister au moins quelques indices de la vérité de ce fait, soit dans les papiers de l'infernale commission qui désignait les victimes, soit dans les procès-verbaux même de vente de ses biens. Il faudra recueillir soigneusement ces indices, et de plus, les compléter par un acte de notoriété.

Il n'y a pas de doute que pour un cas semblable, on n'exigera pas la représentation d'un acte de décès dans les formes ordinaires.

Par l'ancien, etc.

Le 2 août 1825.

~~~~~~~~~~~~~~~~~~~~~~~~~~~~~~~~~~~~

OBSERVATIONS *sur les Biens d'Emigrés attribués à des Hospices, par de simples Arrêtés des Administrations départementales ou des Préfectures.*

———————

Un Décret de la Convention, du 23 messidor an 2, avait ordonné la vente des biens des hospices au profit de l'Etat.

Une Loi du Corps législatif, du 16 vendémiaire an 5, rapportant ce décret du 23 messidor, prescrivait que les biens des hospices vendus, seraient remplacés en biens nationaux du même produit ; ajoutant néanmoins, qu'à cet égard, *le travail des Administrations centrales ne serait que* PRÉPARATOIRE, *et n'aurait son effet définitif qu'en vertu* D'UNE LOI EXPRESSE. (Art. 8.)

Remarquez bien ces mots.

Par un *Arrêté des Consuls, du 15 brumaire an* 9, il fut ordonné que les sommes dues aux hospices
~~~~~~~~~~~~~~~~~~~~~~~~~~~~~~~~~~~~

par les Ministères leur seraient payées sans délai, en capitaux de rentes appartenant à la République.

En exécution de la *loi du* 16 *vendémiaire an* 5, un grand nombre d'hospices firent les démarches prescrites, et obtinrent *des lois expresses*, qui les envoyaient en possession définitive des biens dont il leur avait été précédemment fait concession provisoire.

Une autre partie des hospices, n'ayant point rempli les formalités exigées, continuèrent de demeurer en simple jouissance *provisoire ;* et ce fut dans cet état provisoire que les surprit la restauration.

Le 5 décembre suivant, 1814, Loi qui rend aux émigrés leurs biens non-vendus, mais excepte de cette restitution, *les biens dont, par des lois* ou DES ACTES D'ADMINISTRATION, *il a été* DÉFINI-TIVEMENT DISPOSÉ EN FAVEUR DES HOSPICES.

Ces mots : *actes d'administration,* mis à côté du mot *lois* et sur la même ligne, ne peuvent évidemment se rapporter qu'à des actes de la haute Administration, à des actes du Gouvernement, ayant un caractère définitif et irrévocable.

Cependant on a connaissance que, dans quelques Préfectures, on prétend aujourd'hui que les hospices en faveur desquels les ci-devant Administrations départementales, ou les Préfets, avaient rendu de simples *arrêtés préparatoires, non rendus définitifs par une loi,* ni par un acte du Gouvernement, doi-

vent

vent rester en possession des biens qui leur auraient été ainsi attribués par un simple arrêté.

En sorte que, par la seule puissance de cette interprétation, se trouverait effacée la disposition si claire et si explicite de la loi du 16 vendémiaire an 5, qui veut, dans le second paragraphe de l'art. 8, que le travail des Administrations ne soit que *préparatoire*, et n'ait son effet définitif qu'*en vertu d'une loi expresse*.

Ce serait véritablement, et contrairement à la Charte, rétablir une confiscation abolie par elle.

Car il est manifeste, que sans cette interprétation abusive, les émigrés dont les biens n'avaient été attribués aux hospices que par des arrêtés provisoires des Administrations départementales, ou des Préfets, rentreraient aujourd'hui dans ces biens, en abandonnant aux hospices une inscription de rente 3 pour 100, conformément à l'art. 17 de la loi du 27 avril dernier.

Par un Emigré.

~~~~~~~~~~~~~~~~~~~~~~~~~~~~~~~~

AVIS *sur le cas où une partie des biens confisqués sur un mari, a été rachetée par son épouse.*

M. de Th...., émigré, est mort en 1797. Une partie des biens séquestrés et vendus sur lui, a été rachetée par sa veuve.

Ses enfans réclament l'indemnité à eux due. Le
~~~~~~~~~~~~~~~~~~~~~~~~~~~~~~~~

directeur des domaines et la préfecture prétendent qu'il ne leur est dû d'indemnité, que pour raison des biens qui ont été vendus à des étrangers, et non pour raison de ceux rachetés par l'épouse; attendu que les enfans ont retrouvé ceux-ci dans la succession de leur mère.

Doivent-ils se soumettre à cette décision?

RÉPONSE. Je les crois très-fondés à soutenir que l'indemnité leur est due pour la totalité des biens vendus.

En effet, premièrement, la loi commence par établir deux bases différentes de l'indemnité; savoir: 1°. pour les biens vendus en exécution des lois qui prescrivaient la recherche et l'indication du revenu de 1790 : — ce sera un capital égal à 18 fois le revenu, tel qu'il aura été constaté. 2°. Pour les biens vendus sur une simple estimation arbitraire, ce sera un capital égal au prix de vente réduit d'après le tableau. (art. 2.)

Puis, art. 4, la loi s'occupant du cas où les biens vendus auront été rachetés, de l'État, ou des tiers, par les anciens propriétaires, elle déroge à l'art. 2, et ne dit plus qu'ils seront indemnisés d'après les deux bases ci-dessus; mais d'*après les valeurs réelles* qu'ils auront payées pour ce rachat, soit à l'*État*, soit aux *particuliers*.

Et elle ajoute qu'il en sera de même, alors que le rachat aura été opéré par des personnes interposées;

(291)

ou qui seront de droit *réputées personnes interposées* ; savoir: les pères, les fils et les frères de l'ancien
propriétaire.

Venant ensuite aux héritiers de l'ancien propriétaire décédé, la loi prononce que l'indemnité sera
fixée pour eux de la même manière, *lorsqu'ils seront
rentrés* DIRECTEMENT *dans la possession des biens
confisqués sur lui.*

Ici, pour les héritiers, la loi ne parle plus de
personnes interposées. C'est qu'en effet, il n'y avait
plus lieu d'en supposer à leur égard. Aucun motif
ne pouvait engager des personnes restées en France,
et voulant racheter les biens d'un parent émigré, à
faire cette acquisition par des personnes secrète-
ment interposées. Ils pouvaient sans danger faire
ostensiblement cette acquisition, par eux-mêmes ou
par des fondés de pouvoir. Au lieu que l'émigré même,
s'il voulait racheter ses propres biens, était nécessairement obligé de faire faire cette acquisition par
d'autres, par des personnes interposées et cachant
leur mandat secret. Autrement, si l'on eût connu
que l'acquisition était faite pour l'émigré, le fisc révolutionnaire se fût aussitôt ressaisi de l'objet, par
une seconde confiscation.

Voilà pourquoi l'art. 4 suppose des personnes
interposées, à l'égard des émigrés mêmes, qui ne
pouvaient ostensiblement racheter leurs propres
biens ; et non à l'égard de leurs héritiers, restés en

France, et pouvant sans danger racheter les biens de leurs auteurs.

Voilà pourquoi l'art. 4 parle d'abord des *anciens propriétaires* qui auraient racheté, de l'Etat, ou des tiers, *directement ou par personnes interposées* ; et que, parlant ensuite d'héritiers qui auraient racheté les biens de leurs auteurs, elle ne dit plus *directement ou par personnes interposées* ; mais simplement « *qui seraient rentrés directement.* »

La même différence de locution a été soigneusement observée dans plusieurs articles de l'ordonnance du 1er. mai ; ce qui démontre que ce n'est pas sans dessein, qu'en parlant des *héritiers*, on s'est abstenu d'ajouter, au mot *directement*, les mots *ou par personnes interposées.*

Et en effet, toutes les fois que l'ancien propriétaire frappé de confiscation, a racheté lui-même, ou par personnes interposées, le domaine confisqué sur lui, et qu'il ne lui en a coûté que le prix de ce rachat pour conserver son bien ; il est sensible qu'on ne l'a grevé que de ce prix déboursé ; et que par conséquent on ne lui doit d'autre indemnité que la restitution de ce prix.

Alors encore que ce sont les enfans, ou autres héritiers de l'émigré, qui, pour conserver le domaine confisqué sur leur auteur, s'en sont rendus adjudicataires directement de la nation, il est clair qu'on ne leur a fait tort que de la somme qu'ils ont été obligés de débourser pour conserver cet héritage.

Et conséquemment on ne leur doit que la restitution de cette somme.

Mais, le domaine confisqué sur un père, a-t-il été vendu à un tiers, à tout autre que ce père ou ses enfans ; il est clair qu'on a fait tort à ses enfans, de toute la valeur de ce domaine, que sans cela ils eussent trouvé dans sa succession.

Ensuite, par le rachat fait à l'individu qui avait acheté ce domaine de la Nation, ce domaine se trouve-t-il revenir aux mêmes enfans ; leur est-il revenu même à titre purement gratuit, par voie de don, de legs ou de succession, de l'individu qui l'avait acquis de la Nation ? Dans ce second cas, il est clair que toute l'indemnité décrétée par les art. 1er. et 2 de la loi, n'en sera pas moins due à ces enfans. Car ce ne sera plus par un achat direct de la Nation, qu'ils auront conservé ce domaine. Ce sera par un événement tout autre, par une cause toute différente, par un événement secondaire, tout à fait étranger à la Nation, et dont ils ne lui ont aucune obligation. Il n'en reste par moins vrai que leur père a été dépouillé du domaine confisqué sur lui ; que la révolution lui a fait tort de toute la valeur de ce domaine ; que ce domaine n'a pas été transmis à ses enfans par le fait de l'Etat ; et que par conséquent, indemnité entière est due à ces enfans, suivant le mode décrété par l'art. 2.

D'après ces simples réflexions, il nous semble,

hers de doute, dans l'espèce dont il s'agit, qu'encore bien que les enfans de Th.... ayent retrouvé
dans la succession de leur mère; le domaine ou les
domaines qui avaient été confisqués sur leur père,
ils n'en ont pas moins droit à être indemnisés de la
totalité de ces domaines, suivant le mode décrété
par l'art. 2.

PAR L'ANCIEN JURISCONSULTE SOUSSIGNÉ......

CONSULTATION *sur une espèce présentant diverses
questions de Successibilité, de Donation testamentaire, de Pérégrinité.*

Des mémoires et notes communiqués, résultent
les faits et circonstances qui suivent :

Deux frères ; *Simon* et *Guillaume* DE P....Y,
émigrés.

Confiscation et vente de leurs biens.

Tous deux décédés en émigration, sans enfans.

Le 1er. décédé, à l'armée de Condé, en janvier
179 ; laissant après lui, pour plus proches parens,
sa mère et son frère Guillaume.

Guillaume, décédé à *Wesel*, en avril 1806; après
avoir fait un testament olographe, contenant legs
universel en faveur d'une dame *Stéphanie*, baronne
de R...., née dans les Etats du roi de Prusse.

Sa mère, madame veuve de P...y, née *à Ma-*

rolles, vivant encore à cette époque, n'est décédée qu'*en décembre suivant.*

La dame *Stéphanie*, décédée elle-même en France, en....., après avoir institué, pour son héritier universel, un sieur G.....

Sur quoi se présentent les questions suivantes :

1°. Quels ont été les héritiers de *Simon*, décédé dès 1795 ?

2°. *Guillaume* a-t-il pu valablement léguer tous ses biens, même ceux de France, à la dame *Stépha-nie*, aujourd'hui représentée par le sieur *G.* ?

3°. En résultat, qui a droit de réclamer aujourd'hui l'indemnité due pour raison des biens-fonds vendus sur les deux frères de P...y, par suite de leur émigration ?

Pour la solution de ces diverses questions, il faut d'abord faire abstraction de toutes les lois révolutionnaires portées contre les émigrés, qui les déclaraient bannis à perpétuité, morts civilement, privés de l'exercice de tous droits civils, incapables de recueillir et transmettre aucune succession, incapables du droit de tester, etc.

Toutes ces interdictions et incapacités prononcées par des décrets de délire et de fureur, ne sont plus à considérer. Elles doivent être réputées comme n'ayant jamais existé. Elles ont été abolies par le seul fait du rétablissement de la monarchie légitime, par la Charte constitutionnelle, par l'ordonnance du Roi du 21 août 1814, par la loi du 5 décembre suivant, sauf seulement les droits acquis à des tiers, sous l'empire de ces lois révolutionnaires, et en vertu de leurs dispositions.

L'art. 7 de la loi du 27 avril dernier, décide textuellement que l'on ne pourra plus opposer aux émigrés aucune des incapacités résultantes de ces lois; et que, seront admis à réclamer l'indemnité des biens confisqués et vendus révolutionnairement: d'abord, les anciens propriétaires dépouillés de ces biens; ensuite, et à leur défaut, *les Français qui étaient appelés à représenter l'ancien propriétaire, à l'époque de son décès, par la loi, ou par sa volonté.*

Par la loi : Il est clair qu'il faut entendre ici *la loi civile, le droit commun, le droit civil en vigueur en France*, à l'époque du décès de l'ancien propriétaire.

Par sa volonté : Il n'est pas moins évident qu'il faut entendre : par sa volonté légalement exprimée, soit dans un testament valable et régulier, soit dans un acte entre-vifs.

Il faut donc enfin considérer MM. de P....y, bien qu'émigrés, comme n'ayant jamais cessé d'être Français, soumis aux mêmes lois civiles que les Français de l'intérieur; comme ayant transmis leur succession conformément aux lois civiles en vigueur en France, à l'époque de leur décès.

CELA POSÉ, voyons d'abord ce qui concerne la

succession de M. *Simon de P....y*, décédé en l'an 3, ou 1795.

A cette époque, les successions ouvertes en France étaient régies par la fameuse *Loi du 17 nivose an 2.*

Laquelle disposait ainsi, pour le cas où un individu décédait sans enfans, et laissant des ascendans et des frères ou sœurs :

Art. 75. « *Les parens collatéraux succèdent,* » lorsque le défunt n'a pas laissé de parens en ligne » directe.

76. » Ils *succèdent même au préjudice de ses* » *ascendans,* lorsqu'ils descendent d'eux, ou d'au- » tres ascendans au même dégré. »

Suivant cette loi du 17 nivose, les frères ou sœurs d'un défunt, lui succédaient donc, à l'exclusion de ses père ou mère survivans.

C'est ce qui est encore dit en l'art. 69 de la même loi.

Et par conséquent, dès-là qu'à l'époque du décès de M. Simon de P....y, il laissait pour survivant un frère, en même temps que sa mère ; il faut tenir que c'est son frère *Guillaume*, qui a été saisi de toute son hérédité, à l'exclusion de sa mère.

Il n'en est plus ainsi depuis le Code civil, qui fait concourir les ascendans d'un défunt avec ses frères et sœurs.

Passons à ce qui concerne *Guillaume de P...y*.

Quant à lui, il est décédé *en avril* 1806, et par

conséquent sous l'empire du *Code civil*, dont le titre relatif aux successions, fut promulgué dès la fin de *germinal an* 11 ; ou *avril* 1803.

Décédé sans postérité, il laissait après lui sa mère, qui lui a survécu plusieurs mois, et des cousins ou autres collatéraux.

Or, suivant le Code civil, art. 753, quand un individu décède, sans laisser d'enfans, sans laisser non plus ni frère ni sœur ; qu'il laisse seulement un ascendant, tel qu'un père ou une mère, plus des collatéraux ; la succession se partage par moitié, entre l'ascendant survivant, et les parens les plus proches de l'autre ligne.

Madame de P.....y, la mère, n'aurait donc été héritière que pour une moitié des biens délaissés par son fils *Guillaume*, au cas même où ledit Guillaume n'eût pas fait de disposition avant de mourir.

Mais on a vu qu'avant de mourir, ledit Guillaume avait fait un testament en faveur d'une dame Stéphanie ; et que, par ce testament, il lui avait légué tous ses biens sans exception ; en sorte qu'il n'aurait pas même voulu rien laisser pour sa mère.

Ici se présentent deux questions :

1°. Le testament de Guillaume de P.....y, en faveur de madame Stéphanie de R..., était-il valable ?

2°. En le supposant valable, Guillaume de P.....y

à-t-il pu donner à la dame Stéphanie la totalité de sa succession ?

La première question doit être considérée sous deux aspects : 1°. par rapport à la validité du testament en soi ; 2°. par rapport à la validité de la disposition universelle qu'il contient.

Premièrement, en la forme, ce testament est-il valable ?

Pour en juger avec certitude, il aurait fallu en avoir une copie figurée bien exacte. Mais au surplus, pour un testament olographe, le Code civil n'a prescrit que trois conditions ou formalités, qui sont bien simples ; il suffit que l'acte soit écrit en entier, daté et signé de la main du testateur. (art. 970.)

Avant le Code civil, c'eût été une question que de savoir si, en la ville de Wesel, on pouvait tester par acte sous seing-privé ; car le testament olographe n'était pas permis en beaucoup de pays ; mais il ne peut plus y avoir de difficulté à cet égard, d'après l'art. 999, lequel porte : que « *le Français qui se* » *trouve en pays étranger*, peut faire ses disposi- » tions testamentaires, par acte sous signature pri- » vée, ainsi qu'il est prescrit par l'art. 970. »

Deuxièmement, reste à savoir si Guillaume de P....y a pu valablement donner toute sa succession à la dame Stéphanie de R..., née Prusienne ?

Dans l'ancien droit, on tenait que les étrangers étaient incapables de tester en France, comme aussi d'être institués héritiers ou légataires ; parce que les testamens sont du *droit civil ;* et que, pour avoir part aux faveurs ou avantages du droit civil propre à une Nation , la première condition nécessaire, c'est d'être citoyen de cette nation.

Ce principe est enseigné par tous les auteurs ; mais il y a été dérogé, plus ou moins, depuis la révolution.

Une loi de l'Assemblée constituante, du 8 avril 1791, sur les successions, art. 3, déclara les étrangers capables de recueillir toutes successions en France , comme aussi d'y faire et recevoir toutes sortes de legs. Disposition confirmée par la Constitution de 1791, tit. 6.

Cette disposition fut ensuite modifiée par le Code civil , en ces termes, art. 11:

« *L'étranger jouira en France des mêmes droits*
» *civils, que ceux qui sont ou seront accordés*
» *aux Français, par les traités de la Nation à la-*
» *quelle cet étranger appartiendra.* »

Le même Code ajoute, art. 912 :

« *On ne pourra disposer au profit d'un étran-*
» *ger, que dans le cas où un étranger pourrait*
» *disposer au profit d'un Français.* »

Or, à l'époque de la mort de Guillaume de P....y, existait-il entre la France et la Prusse , une réciprocité entière de droits successifs ? Un Français eût-il été admis à aller recueillir en Prusse, soit une succession, soit un legs universel, tout comme s'il eût été Prussien ?

Nous ne le pensons pas ; il y avait simplement abolition du droit d'*aubaine*, entre les deux Etats ; c'est-à-dire renonciation par les deux Gouvernemens respectifs, au droit de s'emparer des biens de l'étranger qui venait à décéder dans leurs Etats.

Et la convention qui fut conclue en 1811, entre le roi de Prusse et le Gouvernement français, ne contient encore rien de plus que la confirmation de l'abolition de ce droit d'*aubaine*, et de celui dit *de détraction*.

Or, il y a, certes, une grande différence entre la simple abolition du droit fiscal de l'aubaine, et le droit conféré à des étrangers de venir recueillir en France des successions et legs, à l'instar des naturels Français, et au préjudice des parens français.

Ce droit de successibilité absolue n'a été conféré aux étrangers qu'en dernier lieu, par *la loi du 14 juillet* 1819, dite la loi *Lévis*.

Mais cette loi, si libérale en faveur des étrangers, n'existait pas encore en 1806, époque du décès de Guillaume de P....y.

En 1806, nous étions sous l'empire du Code civil, et particulièrement de l'art. 912.

A moins donc que l'on ne prouve qu'à cette époque de 1806, les lois prussiennes auraient admis un Français à venir recueillir en Prusse, soit une succession, soit un legs universel, à lui fait par un Prussien, à l'exclusion des parens prussiens; il faut tenir que le legs universel, fait par Guillaume de P.....y, au profit de la dame *Stéphanie de R...*, ne peut valoir, ou du moins ne peut avoir d'effet sur ses biens de France; et que, conséquemment, les plus proches parens que ledit Guillaume de P.....y a laissés en France, sont seuls admissibles à réclamer l'indemnité des biens-fonds qui furent vendus sur les deux frères de P.....y.

Mais, dans l'hypothèse où la dame Stéphanie de R... pourrait être considérée comme ayant été capable de recevoir, d'un Français, un legs universel, il y aurait encore à remarquer une circonstance particulière; c'est qu'au jour de son décès, Guillaume de P.....y laissait une *mère* vivante; et qu'aux termes de la loi française, existante à cette époque, Guillaume de P.....y ne pouvait pas la priver de toute part à sa succession.

En effet, l'art. 915 du Code civil veut que le défunt sans enfans, qui laisse après lui un *père* ou une *mère*, soit tenu de lui laisser au moins le *quart* de sa succession; et quand il laisse père et mère vivans, au moins la *moitié*.

Cette espèce de *légitime* affectée aux père et mère, est une chose sacrée et inviolable.

Supposons donc le testament de Guillaume de P.....y comme parfaitement régulier en sa forme;

supposons la dame *Stéphanie de R...*, Prussienne, comme capable d'être l'objet d'une disposition testamentaire de biens situés en France : il resterait pour certain, en dernier terme, qu'au moins ledit Guillaume de P.... y a dû laisser à sa mère le *quart* de sa succession; que madame de P....y mère a été légalement saisie de ce quart, le jour même du décès de son fils ; et qu'en mourant ensuite, elle a transmis ce quart aux héritiers qu'elle a laissés après elle.

PAR L'ANCIEN JURISCONSULTE, *Avocat aux Conseils du Roi et à la Cour de Cassation.*   G.

QUESTIONS DIVERSES.

I. D'après l'art. 9 de la loi du 27 avril 1810, les *soultes* qui auraient pu être payées par le Gouvernement, dans un partage de présuccession, par exemple, par suite duquel les propriétés qu'il aurait prises auraient excédé la valeur de ce qui revenait à un émigré, doivent être déduites de l'indemnité qui sera payée. Cette disposition serait très-juste, si la déduction était faite d'après l'échelle de dépréciation; mais ne le serait-il pas tout autant que les soultes payées par les parens, fussent remboursées aussi? Par suite d'un partage de ce genre, il revenait au Gouvernement d'alors une valeur de

20,000 fr. Il a pris une propriété valant 18,000 f. , et le père ou les frères de l'émigré ont été forcés de compléter les 20,000 fr. , en comptant au Gouvernement 2,000 fr.

Ne sera-t-il tenu aucun compte de cette soulte, tandis que si les parens de l'émigré l'avaient reçue, elle serait précomptée ? Ce serait une injustice , même d'après l'esprit de la loi ; car, bien que la somme ait été comptée en assignats ou en argent, elle était représentative d'une partie des immeubles apparténans, par présuccession, à l'émigré dépossédé.

II. M. N. avait vendu son bien en 1792 ; on devait le payer au bout de deux ans ; il a émigré, et l'acquéreur a payé l'Etat. Ce paiement, dont le montant représentait toute la valeur de la propriété , doit-il être considéré comme représentant une valeur mobilière? et M. N. doit-il être exclu de toute indemnité ? Ce serait d'autant plus malheureux pour lui, que l'Etat a reçu davantage qu'il n'aurait fait, si ses agens avaient vendu.

III. En France, il y avait, comme à présent, les pays de grande et de petite culture. Dans les premiers, on était en usage d'affermer les biens-fonds, et de faire des baux notariés, que les anciens propriétaires pourront représenter ; de manière qu'il leur sera facile de réclamer contre la lésion qu'ils éprouveront. Il en sera de même de toutes les grandes

terres

terres ou propriétés, quel que soit le lieu où elles étaient situées.

Mais, dans les pays de petite culture, les propriétés peu considérables, surtout, se donnaient à des métayers qui partageaient les fruits avec les propriétaires; de sorte qu'il sera impossible à la très-grande majorité de ces derniers, de justifier du revenu réel, en 1790, de leurs propriétés, si le Gouvernement n'admet pas comme preuve la notoriété publique. Il paraît que les actes de notoriété qui seraient produits à cet effet, et que l'on ferait faire en ce moment, ne seraient pas admis.

Cependant le Gouvernement n'a pas l'intention d'être injuste envers les petits propriétaires, qui, déjà, se croient sacrifiés aux grands. Quels sont donc les moyens qu'ils auront pour réclamer utilement ?

(N.)

OBSERVATIONS *relatives aux Créanciers des Indemnitaires.*

De la décision de S. Exc. le Ministre des finances, relatée à la page 187 du *Manuel*, il semble résulter que les préfets devront suspendre les liquidations demandées par les créanciers des indemnitaires, jusqu'à ce qu'ils justifient du *consentement* ou de l'*abandon* à eux fait par leurs débiteurs, ou qu'ils rapportent des *jugemens* qui les autorisent à poursuivre la liquidation en leur lieu et place.

20

Cette décision restreint injustement les droits que donne aux créanciers l'art. 1166 du Code civil, portant : « *Les créanciers peuvent exercer tous les droits et actions de leurs débiteurs.....* »

Si un débiteur a mauvaise volonté, il ne donnera point de consentement, et ne fera pas l'abandon de son droit à l'indemnité, lorsqu'il verra que son importance peut égaler à peine le montant de ses dettes.

Il faudra donc que le créancier obtienne un jugement et fasse des frais qui accroîtront la perte déjà faite de 30 ans et plus d'intérêts , non compris celle qu'il fera peut-être encore sur le capital. Il semble que les pièces suffisantes pour former opposition , devraient l'être aussi pour réclamer l'indemnité , et même pour en recevoir le montant, toutes les fois que le débiteur n'obtiendra pas lui-même un jugement qui limiterait les droits du créancier.

D'ailleurs , il est notoire qu'un grand nombre de créanciers d'émigrés sont dans une position si malheureuse , que jamais ils n'auraient les moyens de faire les frais d'un jugement.

La décision du Ministre les condamnerait donc à n'être pas payés de ce qui leur serait dû! Ce n'est certainement pas son intention; mais ce serait la conséquence de sa décision, si elle n'était pas modifiée. B.......

DÉCISIONS NOTABLES

DE LA COMMISSION DE LIQUIDATION.

1º. *Concernant la Déduction des Arrérages de Rente et Intérêts.*

Pendant l'impression des articles ci-dessus, nous avons été informés des décisions suivantes : 1º. sur la question de savoir : Si les rentes courues et payées par l'État, pendant le temps qu'il était détenteur des biens-fonds grevés de ces rentes, doivent être portées en déduction de l'indemnité due au propriétaire dépossédé ?

Cette question s'étant présentée à l'occasion de la liquidation de l'indemnité revenante à la famille de B....y, elle divisa les opinions des membres de la Section qui en était saisie.

Elle fut alors portée devant l'assemblée de toutes les sections réunies, et présidées par S. Exc. le maréchal de France, duc de Tarente ; et, après une longue délibération, il a été décidé, le 21 octobre dernier :

« Que les rentes courues et payées à la décharge
» de feu M. le comte de B....y, depuis le moment où
» l'État s'est mis en possession de ses biens, seront
» déduites du montant de l'indemnité qui peut être
» due à ce propriétaire dépossédé ou à ses ayans-

20 *

» droit, pour raison de la confiscation desdits
» biens. »

Cette décision est précédée de motifs très-développés, dont les principaux sont :

« Qu'en ordonnant, sur le montant de l'indemnité, la déduction des dettes payées à la décharge des propriétaires dépossédés, la loi n'a pas établi de distinction entre le capital de ces dettes, et les arrérages de rentes ou d'intérêts;

» Que la loi n'a alloué d'indemnité, que pour raison des *biens-fonds*, sans aucune restitution des fruits et revenus, ni autres valeurs mobilières ;

» Que ne pas déduire de l'indemnité accordée pour des biens grevés de rentes, les arrérages de ces rentes payés aux créanciers, sous prétexte de la perception des fruits par l'Etat, ce serait indirectement accorder une indemnité pour raison des fruits perçus; indemnité à laquelle ne participeraient pas les indemnitaires pour lesquels l'Etat n'a payé aucune dette, et établir, en faveur des premiers, une sorte de privilége qui frapperait, non contre l'Etat, mais contre le fonds commun appartenant à la masse, etc.;

» Que, sans doute, compenser les arrérages courus depuis le séquestre, avec les fruits perçus, serait une mesure équitable, que la loi eût autorisée s'il eût été possible; mais que cette compensation cesserait d'être juste, dès-là qu'elle ne profiterait qu'à une partie des indemnitaires, et qu'elle tournerait

au préjudice des autres, en atténuant le fonds de réserve destiné à réparer les lésions , etc. »

2°. *Concernant les Epouses divorcées.*

Parmi un grand nombre d'autres décisions rendues sur des points de droit relatifs à la matière de
l'indemnité, il peut encore être utile de signaler particulièrement celles où il a été jugé, que la disposition de l'*art.* 4 *de la loi du* 27 *avril*, est applicable
aux anciens propriétaires dont les biens ont été
rachetés par leurs *épouses*, encore bien qu'à ce moment elles eussent fait prononcer leur *divorce*, toutes
les fois qu'il apparaissait que ce divorce n'avait été
qu'un simulacre nécessité par les circonstances du
temps ; et que, de fait, les époux s'étaient réunis, et
avaient continué de vivre maritalement, aussitôt
qu'ils en avaient recouvré la faculté.

Telle est notamment la décision qui a été rendue
le 22 août dernier, relativement à l'indemnité due
à M. le comte DE L.... Elle est ainsi motivée :

» Que, bien que la dame L.... fût en état de divorce lorsqu'elle a fait le rachat des biens confisqués
sur le sieur L.... ; et que le contrat de son second
mariage avec ledit L.... contienne séparation de
biens, il est de fait que ce second mariage a eu pour
effet de replacer Madame L.... dans sa position primitive d'épouse dudit L...., et qu'à ce titre, il y a
lieu de la considérer comme ayant agi , lors du ra-

chat, dans l'intérêt futur du propriétaire dépossédé, etc..... »

3º. *Concernant les Hôtels mis en Loterie.*

Une autre décision non moins digne de remarque, c'est celle relative aux hôtels vendus par voie
de loterie. La loi du 27 avril, ni l'ordonnance du
1ᵉʳ. mai, ne s'étant pas expliquées sur le mode d'indemnité de ces sortes de biens, la première section,
présidée par M. le marquis de *Lally-Tolendal*, en
s'étayant de toutes les analogies que pouvaient of-
frir les divers articles de la loi, a décidé qu'on ne
devait prendre pour base, ni les estimations arbitraires qui avaient pu être faites avant la mise en
loterie, ni la quotité des billets ou mises; mais la
valeur locative à l'époque de 1790, constatée d'a-
près tous les documens qu'il serait possible de se
procurer, et les plus propres à indiquer cette juste
valeur.

CONSULTATION *sur la Transmission de l'In-demnité d'un Défunt à ses Héritiers ou Léga-taires. — Enfant naturel.*

LOUIS PIERRE, émigré en 92, est décédé, laissant
pour plus proches parens un frère et une sœur.

Le frère est lui-même décédé l'année dernière,
après avoir fait un testament par lequel il déclare

léguer tous ses biens généralement quelconques, à *Victorine Françoise*, enfant naturel, élevé par ses soins.

Sur quoi, l'on demande si l'indemnité revenant à la succession de *Louis Pierre*, pour raison des biens-fonds vendus sur lui, n'appartient pas à sa sœur survivante, en totalité, comme sa seule héritière, au moyen du décès du frère ?

Si l'enfant naturel de ce frère est fondé à prétendre une part de cette indemnité, comme légataire universel dudit frère décédé ?

Réponse. — D'après le système de la loi du 27 avril dernier, notamment d'après le texte de l'art. 7 de cette loi, et les explications qui en ont été données dans la discussion des deux Chambres, il faut tenir que les anciens propriétaires dont la révolution a confisqué et vendu les biens-fonds, ont été saisis, dès l'instant même des ventes, du droit d'en réclamer l'indemnité contre l'État ; et que, s'ils sont décédés, ils ont transmis ce droit à leurs héritiers, soit légaux, soit testamentaires ; qu'ainsi, ces héritiers ont été eux-mêmes saisis de ce droit, et l'ont laissé dans leur succession, s'ils sont venus à mourir. D'où la conséquence que ces héritiers des anciens propriétaires, s'ils ont institué un légataire universel, ont transmis à ce légataire, le droit d'indemnité qu'ils auraient eux-mêmes exercé, et dont ils recueilleraient aujourd'hui l'effet, s'ils étaient vivans.

D'après ce dessein de la loi, qui ne paraît pas susceptible d'être mis en doute, il est facile de résoudre la question proposée.

Louis Pierre, en mourant, a transmis son droit d'indemnité à son frère et à sa sœur, chacun pour moitié.

Le frère, venant à mourir ensuite, a transmis ce même droit, pour la portion qui lui en appartenait, à ses héritiers ; et ici, il s'agit de savoir quels sont les héritiers de ce frère ? S'il n'eût pas fait de testament, son hérédité toute entière eût été dévolue à la sœur survivante, et elle eût ainsi réuni dans sa personne tout le droit à l'indemnité. Mais ce frère a fait un testament par lequel il s'est donné un héritier de son choix, la nommée *Victorine Françoise*. Et dès-là qu'il ne laissait d'autres parens qu'une sœur ; dès-là qu'il ne laissait ni descendans, ni ascendans, il était libre de donner la totalité de ses biens ; aux termes de l'art. 916 du Code civil, ainsi conçu : « A défaut » d'*ascendans* et de *descendans*, *les libéralités par* » *actes* entre-vifs ou *testamentaires, pourront épui-* » *ser la totalité des biens.* »

Vous observez que, au moment où le frère est décédé, la loi de l'indemnité n'existait pas encore ; qu'ainsi l'on ne peut réputer comprise dans le legs universel qu'il a fait, une indemnité qui n'était pas encore décrétée, et qui, par conséquent, ne faisait pas partie de ses biens.

La réponse à cette observation se trouve dans les premières réflexions faites au commencement de cet écrit. Encore que l'indemnité n'ait été décrétée qu'en avril dernier, il a été généralement entendu dans les deux Chambres législatives, que le droit en était né et avait existé dès l'époque de la vente des biens; que la loi du 27 avril n'avait fait qu'en régler le mode de payement; que ce droit d'indemnité avait appartenu d'abord aux anciens propriétaires dépouillés, ensuite à leurs héritiers immédiats, et avait été transmissible par ceux-ci à leurs propres héritiers ou légataires.

A la vérité, dans le cours de la discussion, plusieurs membres émirent l'opinion que le droit à l'indemnité ne devait être réputé compris dans les donations ou legs faits à des étrangers, par les anciens propriétaires ou leurs héritiers, qu'autant que ce droit d'indemnité serait formellement exprimé dans la disposition. Mais cette opinion n'a point été adoptée; elle a été repoussée par la majorité, sur la réflexion faite par d'autres membres, que sur de telles questions, il fallait s'en rapporter à la décision des tribunaux, qui les décideraient d'après les règles ordinaires du droit civil sur l'interprétation des testamens.

Or, en matière de legs universel, c'est une maxime constante, qu'il est réputé embrasser non-seulement tous les biens corporels étant en la possession du testateur au jour de son décès, mais encore tous les droits incorporels, toutes les actions et créances qui pouvaient lui appartenir, alors même qu'il n'en aurait pas eu une connaissance personnelle.

D'après ce principe, je pense qu'il serait difficile de contester avec succès que le legs universel, fait au profit de la mineure *Victorine*, comprend le droit d'indemnité dont le défunt était saisi au jour de son décès.

Cependant je ne dois pas dissimuler qu'un avocat qui entreprendrait de prouver que l'enfant naturel dont il s'agit n'a pas droit à l'indemnité, ne manquerait pas d'argumentations très-plausibles pour justifier cette opinion.

Mais il se présente une autre question :

La mineure *Victorine* avait-elle été reconnue par Louis Pierre, et par acte authentique, pour son enfant naturel ?

Car la simple énonciation, contenue dans le testament olographe transcrit dans votre lettre, ne paraît pas suffisante pour lui imprimer cette qualité ; en effet, vous n'ignorez pas que les enfans nés hors mariage ne peuvent être valablement reconnus, que lorsque cette reconnaissance a été faite par un acte *authentique*, si elle ne l'a pas été dans l'acte même de naissance. (art. 334. C. c.)

Or, un testament olographe n'est certainement pas un acte authentique, lequel ne peut émaner que d'un officier public.

D'ailleurs, d'après la contexture du testament,

(315)

tel qu'il est transcrit dans votre lettre, on ne voit
pas que le testateur reconnaisse précisément pour
son enfant naturel, né de ses propres œuvres, la
nommée Victorine Françoise ; puisqu'il dit tout
simplement : « Je donne à Victorine Françoise, enfant naturel élevé par mes soins, tous mes biens, etc. »
Ce qui peut s'entendre tout aussi bien d'un enfant
naturel, né d'un autre père que lui, mais élevé par
ses soins. Et vous sentez de vous-même la conséquence qui dérive de cette observation. Si cet enfant
naturel n'a pas été valablement reconnu par le défunt Louis Pierre, pour son propre enfant, il a pu
lui donner la totalité de ses biens.

Si, au contraire, il l'a reconnu valablement et
précisément pour son propre enfant, il n'a pas pu lui
donner la totalité de sa succession. Aux termes de
l'art. 757 du Code, il n'a pu lui en laisser que la
moitié. Conséquemment, en admettant que la mineure Victorine aurait déjà recueilli la moitié de
tous les biens dont le défunt était en possession au
jour de son décès, elle aurait encore droit à recueillir
la moitié de l'indemnité que ce défunt aurait re-
cueillie lui-même, s'il était vivant.

G............

QUESTION D'USUFRUIT.

Une terre valant plus de 3oo,ooo fr., argent, appartenait tout à la fois à un émigré pour *l'usufruit*,

et à un autre émigré pour la *nue-propriété*. Par la confiscation de cette terre, l'usufruitier a été privé d'un revenu de 15 à 20,000 fr., dont il aurait joui jusqu'à son décès, qui n'est arrivé qu'en 1814. L'émigré qui n'avait droit de jouir de l'immeuble qu'après le décès du premier, et qui, jusqu'à ce décès, n'a réellement subi aucune perte ni privation par la vente de l'immeuble, prétend cependant avoir seul droit à l'indemnité, exclusivement aux héritiers de l'usufruitier. *Quid juris ?*

La question est fort délicate : Pour les enfans de l'usufruitier, on peut dire :

Que le droit d'usufruit n'est pas un simple droit mobilier, une simple créance affectée sur un immeuble; mais un droit immobilier, un droit de co-propriété dans l'immeuble qui en est grevé : une sorte de propriété de l'immeuble même; propriété temporaire, limitée à la durée de la vie de l'usufruitier, laquelle peut se prolonger près d'un siècle, pendant lequel l'usufruitier a tous les fruits et profits de l'immeuble, comme aussi la charge des impositions foncières et réparations d'entretien, la faculté de louer et affermer, comme bon lui semble.

On peut ajouter que l'usufruit est si bien une sorte de propriété immobilière, qu'il est susceptible d'être affecté d'hypothèques, saisi et vendu par voie d'expropriation forcée, comme le serait la nue-propriété elle-même.

On peut dire encore, que l'usufruit d'un immeuble sur une tête de moyen âge, s'estime ordinairement autant que le droit de nue-propriété; que, par conséquent, les enfans de l'usufruitier dont il s'agit, lequel n'avait pas plus de 30 ans lors de la confiscation, sont bien fondés à réclamer au moins la moitié de l'indemnité due pour raison de l'envahissement de cet immeuble; puisque le dommage de cette spoliation a porté sur l'usufruitier encore plus que sur l'individu appelé à le recueillir après lui.

D'un autre côté, pour la personne qui avait la nue-propriété de l'immeuble envahi, on peut répondre : que l'usufruitier n'avait droit qu'aux fruits et revenus de cet immeuble; que par la confiscation, il n'a été dépouillé que d'une jouissance de fruits ; et que l'Etat a déclaré en principe, par sa loi du 27 avril dernier, ainsi que par celle du 5 décembre 1814, qu'il ne rendrait rien, qu'il ne donnerait aucune indemnité pour raison des fruits et valeurs mobilières envahies par la révolution; qu'il n'indemniserait que pour raison des biens-fonds confisqués et aliénés sans retour; que l'indemnité n'est en effet accordée qu'aux propriétaires de ces biens-fonds; que ces mots : *biens-fonds, anciens propriétaires :* sont répétés presque à chaque ligne de la loi; que, dans l'espèce, le véritable propriétaire du fonds de l'immeuble en question, était certainement celui qui en avait la propriété foncière, quoique privé de la jouissance de ses produits pour un temps quelconque ; et que c'est une erreur de dire que l'usufruitier en était co-propriétaire avec lui, lorsqu'il n'avait droit qu'à la jouissance des fruits, et non à aucune parcelle de fonds ; que toute la différence qui existera entre lui et les autres propriétaires de biens-fonds non grevés d'usufruit au moment de l'invasion, c'est que ceux-ci ne seront indemnisés que d'une portion de ce qu'ils ont perdu, tandis que lui, il recevra une indemnité presque intégrale de ce qui lui a été enlevé.

Encore bien que la cause des usufruitiers soit on ne peut plus favorable, encore bien que l'équité semble commander aux émigrés qui n'avaient que la nue-propriété d'un immeuble, le devoir de partager l'indemnité avec celui qui en avait l'usufruit, nous n'oserions garantir à celui-ci le succès de sa prétention, si elle était portée, soit devant l'autorité administrative, soit devant les tribunaux ordinaires.

G........

VEUVES D'HABITANS DES CONTRÉES SÉPARÉES DE LA FRANCE.

On expose que deux demoiselles nées dans la Flandre française, ont été mariées à deux habitans de la Flandre autrichienne, après la réunion de la Belgique à la France ; que, depuis la séparation de ce pays, l'une est devenue veuve ; que l'autre est encore mariée ; et que toutes deux sont restées dans la partie de la Belgique, annexée au Royaume des Pays-Bas. On demande si elles sont admissibles à venir, concurremment avec leurs frères restés dans l'intérieur de la France, réclamer l'indemnité due pour raison d'immeubles vendus sur leurs auteurs communs ?

Cette question ne peut être l'objet du plus léger doute, d'après les termes de l'*art.* 23 de la loi du 27 avril 1825, portant textuellement : « *La qualité* » *d'étrangère ne pourra être opposée aux* FRAN- » ÇAISES, *veuves ou* DESCENDANTES *d'émigrés,* » *lorsque leur mariage avec des étrangers aura* » *été contracté* ANTÉRIEUREMENT AU 1er. AVRIL » 1814. »

On demande ensuite, si, au cas qu'elles fussent inadmissibles, leur part ne devrait pas profiter à leurs co-héritiers français, au lieu de tourner à l'accroissement du fonds commun ?

L'affirmative de cette seconde question résulte de plusieurs décisions de S. E. le Ministre des finances. Voyez notamment la 10e., ci-devant rapportée, dans la dernière circulaire en date du 25 septembre, page 279.

TABLE GÉNÉRALE DES MATIÈRES
DES CINQ PREMIERS CAHIERS.

Imprimerie PORTHMANN, rue Sainte-Anne, N°. 43.